古典文獻研究輯刊

十一編

潘美月・杜潔祥 主編

第 16 冊

楚帛書研究（下）

陳茂仁 著

國家圖書館出版品預行編目資料

楚帛書研究（下）／陳茂仁 著 — 初版 — 台北縣永和市：花
木蘭文化出版社，2010〔民99〕

目 4+190 面；19×26 公分

（古典文獻研究輯刊 十一編；第 16 冊）

ISBN：978-986-254-299-6（精裝）

1. 簡牘文字　2. 帛書　3. 研究考訂

796.8　　　　　　　　　　　　　　　99016386

ISBN - 978-986-2542-99-6

9 789862 542996

古典文獻研究輯刊
十一編　第十六冊　　　　　　ISBN：978-986-254-299-6

楚帛書研究（下）

作　　者　陳茂仁
主　　編　潘美月　杜潔祥
總 編 輯　杜潔祥
企劃出版　北京大學文化資源研究中心
出　　版　花木蘭文化出版社
發 行 所　花木蘭文化出版社
發 行 人　高小娟
聯絡地址　台北縣永和市中正路五九五號七樓之三
　　　　　電話：02-2923-1455／傳眞：02-2923-1452
網　　址　http://www.huamulan.tw 信箱 sut81518@ms59.hinet.net
印　　刷　普羅文化出版廣告事業
初　　版　2010 年 9 月
定　　價　十一編 20 冊（精裝）新台幣 31,000 元

楚帛書研究（下）

陳茂仁　著

上 冊

目　次

第七章　楚帛書〈宜忌篇〉文字考釋

第一節　取于下

※取于下

曰：取，乞（氒）則至，不可以🔺殺。壬子、酉（丙）子，凶。乍（作）□北征，銜（率）有咎，武于□亓（其）歔◻

🔸（取），形與 🔸（魏三體石經·僖三十年）、🔸（包山楚簡八九）同。即正月月名，《爾雅·釋天》：「正月爲陬。」〔註1〕取，古爲清紐、侯部；陬，古爲精紐、侯部，故取、陬可假借。嚴一萍釋「『取讀聚，與陬同。』……郝氏義疏曰：『陬者，虞喜以爲陬訾是也。』按：陬訾，星名。即營室東壁正月，日在營室，日月會於陬訾，故以孟陬爲名…。」〔註2〕取，亦即孟陬之月。《離騷》：「攝提貞于孟陬兮，惟庚寅吾以降。」〔註3〕即所謂春正月。《史記·歷書》：「月名畢聚。」〔註4〕索隱：「聚，音娵。」又《周禮·䮘簇氏》注讀爾雅作「娵」。〔註5〕是知娵、聚、孟陬皆爲正月之異稱。娵，古爲清紐、侯部；聚，古爲從紐、侯部。實取、陬、娵、聚等皆爲齒音、侯部字，音甚相近。

〔註1〕《爾雅義疏》，郝懿行，藝文印書館，民國76年10月第四版，頁760。

〔註2〕〈楚繒書新考〉（中），嚴一萍，《中國文字》第二十七冊，頁17。

〔註3〕《楚辭》，上海涵芬樓借江南圖書館藏明繙宋本景印，四部叢刊，頁4。

〔註4〕《史記會注考證》，瀧川龜太郎，宏業書局，民國76年7月再版，頁447。

〔註5〕《周禮》，十三經注疏，藍燈出版社，頁558。

于 （于），形與 ⊤（中山王鼎）、于（包山楚簡一六三）同。《詩經・召南・
　　采蘩》：「于以采蘩，于沼于沚。」〔註6〕

下 （下），其上一橫畫係繁飾，與隨縣曾侯乙編鐘「下」作「下」、〔註7〕
　　及包山楚簡五三簡「下」作「下」形同，此「下」當即「歲下」之
　　意，〔註8〕 說詳下。
　　　「曰」，〈宜忌篇〉十二段文字中，其各段文字均以「曰」起首，作為
　　句首語氣詞，無義。《尚書・堯典》：「曰若稽古帝堯。」〔註9〕
　　　「取」，帛書於〈宜忌篇〉十二段文字起首語氣詞「曰」下，緊接言月
　　名。「取」，說詳上。

乙 （乙、鳦），形與 乙（包山楚簡十九）同。《說文》：「乙，燕燕乙鳥也。
　　齊魯謂之乙，取其鳴名自呼，象形也。」〔註10〕 又云：「鳦，乙或從
　　鳥。」《詩・商頌・玄鳥》：「天命玄鳥，降而生商。」〔註11〕 傳：「玄
　　鳥，鳦也。春分玄鳥降。湯之先祖，有娀氏女簡狄配高辛氏帝，帝率
　　與之祈於郊禖而生契，故本身為天所命，以玄鳥至而生焉。」故《說
　　文》云：「孔，通也，嘉美之也，乙子。乙，請子之候鳥也，乙至而得
　　子。嘉美之也。」〔註12〕 又云：「乳，人及鳥生子曰乳，獸曰產，从
　　孚乙。乙者，乙鳥。《明堂月令》：『乙鳥至之日，祠于高禖以請子。』
　　故乳从乙，請子必以乙至之日者，乙，春分來，秋分去，開生之候鳥。
　　帝少昊司分之官也。」〔註13〕 《左傳・昭十七年》：「玄鳥氏，司分者
　　也。」〔註14〕 《呂氏春秋・仲春紀》：「是月（仲春）也，玄鳥至。至
　　之日，以太牢祀于高禖。」〔註15〕 又《夏小正》二月：「來降燕乃睇。」

〔註6〕 《詩經》，十三經注疏，藍燈出版社，頁47。
〔註7〕 曾國，為戰國時代之一小國。於其時曾為楚之附屬國，故其文字字形，與楚
　　　　文字相似者極多。
〔註8〕 「歲下」之說，饒宗頤先生已發其端，說詳《楚帛書》，饒宗頤、曾憲通，香
　　　　港：中華書局，1985年9月版，頁73。
〔註9〕 《尚書》，十三經注疏，藍燈出版社，頁19。
〔註10〕 同註6，頁590。
〔註11〕 同註6，頁793。
〔註12〕 《說文解字》，許慎撰，段玉裁注，黎明文化事業股份有限公司，民國80年8
　　　　月增訂八版，頁590。
〔註13〕 同註12，頁590。
〔註14〕 《左傳》，十三經注疏，藍燈出版社，頁836。
〔註15〕 《呂氏春秋》，上海涵芬樓藏明宋邦義等刊本，四部叢刊，頁12。

〔註16〕以上言乙爲開生之候鳥，以其至之日爲請子之期，或並言乙爲春二月始至。由上知乙鳥至黃河流域爲夏正二月，唯楚國地處長江中游，氣候較爲暖和，故乙鳥至之日，當比北方爲早，是以帛書言「取（陬），乙則至。」較載籍記乙鳥至北方之時間早一個月，乃合於理而無可疑者。加以各國之月令，爲應實際需要，因其氣候、環境等種種因素之不同而各有所差異。一如日者之所依，各循其俗，是以太史公自序云：「齊、楚、秦、趙，爲日者各有俗所用，欲循觀其大旨，作〈日者列傳〉。」〔註17〕云云。

「則」，右形殘，猶可識。作關係詞，訓「即、就」。《論語・學而》：「君子不重則不威。」〔註18〕

（至），係簡省之寫法。楚銅器《鑄客豆》銘文室字作「（室）」，其所從之至作「（至）」與帛書正同。又帛書此篇六月，「至于」合文作「（至于）」，〔註19〕是知「（至）」爲至字，形與（至）（包山楚簡一六）同。

（不），與（不）（包山楚簡三八）形同。其上及豎畫所加之橫畫均係繁飾。〔註20〕

（可），形殘，猶可識。據殘形知與（可）（蔡大師鼎）、（可）（包山楚簡一四九）形同。其上一橫短畫係繁飾。訓「能夠」，《論語・爲政》：「其或繼周者，雖百世可知也。」〔註21〕

（？），形殘，不可識，今闕疑。

（殺），李零釋「殺」，引《說文》古文殺字作「（殺）」、「（殺）」，及《侯馬盟書》殺作「（殺）」爲證，〔註22〕其說甚是。按形與（殺）（包山楚簡八

〔註16〕《夏小正經傳集解》，世界書局，民國63年5月三版，卷一，頁7。
〔註17〕同註4，頁1346。
〔註18〕《論語》，十三經注疏，藍燈出版社，頁7。
〔註19〕「至于」作「（至于）」，係戰國文字簡化特色之一，係簡省其所共有之筆劃合而爲一，今「至」所從之土，與「于」重複「＝」部件，故簡省合書爲「（至于）」。
〔註20〕戰國文字繁化之特色，加橫畫「一」者：有於橫畫之上加之，如「可」作「（可）」（見此篇各章）、「下」作「（下）」（見〈天象篇〉七・21）、「天」作「（天）」（〈天象篇〉十・06）；有於豎畫上加橫畫者：如「不」作「（不）」即是。
〔註21〕同註18，頁19。
〔註22〕《長沙子彈庫戰國楚帛書研究》，李零，北京：中華書局，1985年7月第一版，頁74。

六）同。《說文》：「翳，戮也。从殳、殺聲。」〔註23〕《史記‧陳涉世家》：「尉劍挺，廣起，奪而殺尉。」〔註24〕又〈高祖本紀〉：「與父老約法三章耳：殺人者死，傷人及盜抵罪。」〔註25〕

「不可以□殺」，春正月乙鳥至，乙為請子之候鳥，乙至而得子，故此月不可殺生。

王　（壬），其中畫短，顯為由「‧」所演化而來，與王（員尊）、王（湯叔盤）形近；與王（包山楚簡二九）形同。天干第九位。《說文》：「壬，位北方也。」〔註26〕

子　（子），與子（中山王鼎）、子（包山楚簡二）形同，地支第一位。《竹書紀年》：「元年壬子，王即位居亳。」〔註27〕

丙　（丙、丙），形與丙（包山楚簡三一）同。其下增益「口」旁，如紀作「紀」（〈天象篇〉四‧13），其丙內一橫畫係繁飾，〔註28〕天干第三位。《說文》：「丙，位南方。」〔註29〕

凶　（凶），作「災禍」解。《楚辭‧卜居》：「此孰吉孰凶？」〔註30〕

乍　（乍、作），形殘，猶可識為「乍」字，其下一字殘去，不可識。

北　（北），與北（吳方彝）、北（包山楚簡一五三）形同。

征　（征），形與征（中山王鼎）同。《荀子‧正論》：「夫征暴誅悍，治之盛也。」〔註31〕北征，猶北伐。《國語‧晉語》：「三屬諸侯，存亡國三，以示之施，是以北伐山戎，南伐楚西為此會也。」〔註32〕

衛　（衛、率），與衛（魏三體石經‧尚書‧君奭）、衛（包山楚簡一九四）形同，此似从辵从率省。《說文》：「衛，將衛也。」〔註33〕段注：「衛，

〔註23〕同註12，頁121。
〔註24〕同註4，頁750。
〔註25〕同註4，頁162。
〔註26〕同註12，頁749。
〔註27〕《竹書紀年》，上海涵芬樓影印天一閣刊本，四部叢刊，頁12。
〔註28〕字內中間分叉上一橫短畫，係繁飾。為戰國文字繁化特色之一，其時加橫畫概見於二情況：一為其上為橫畫時；一為遇交叉時。詳見〈談戰國文字簡化現象〉，林素清，《大陸雜誌》七十二卷五期。
〔註29〕同註12，頁747。
〔註30〕同註3，頁95。
〔註31〕《荀子》，上海涵芬樓景印古逸叢書本，四部叢刊，頁128。
〔註32〕《國語》，上海涵芬樓借杭州葉氏藏明金李刊本景印，頁70、71。
〔註33〕同註12，頁79。

導也、循也。今之率字，牽行而衛廢矣。」知衛即率字，帛書「率」作率領解。《包山楚簡一九四》：「牵衛鯢。」〔註34〕

(又、有)，形與 (包山楚簡二四九) 同。假爲「有」。《包山楚簡二四九》：「以其又 (有) 橦肪。」〔註35〕

(咎)，形與 (包山楚簡二一○) 同，作「災禍」解。《呂氏春秋·侈樂》：「棄寶者必離其咎。」〔註36〕有咎、亡咎爲古占者恆辭。《包山楚簡二一○》：「躬身尚毋又 (有) 咎。」〔註37〕《周易·大有》：「初九，无交害匪咎，艱則无咎。」〔註38〕

今視此「壬子、丙子，凶。作□北征，率有咎。」知「取于下」之「下」當即指「歲下」，意即抵太歲之意。〔註39〕《論衡·難歲》：「移徙法曰：『徙，抵太歲凶；負太歲亦凶。抵太歲名曰歲下；負太歲名曰歲破，皆凶也。』」〔註40〕又云：「其移東西，若徙四維，相之如者皆吉，何者？不與太歲相觸，亦不抵太歲之衝也。」不抵觸太歲是興歲，否則是忌歲。〔註41〕故不抵觸太歲及不抵太歲之衝，則吉。歲星所在之國有福即是「興歲」。《淮南子·天文篇》：「歲星之所居，五穀豐昌；其對爲衝，歲乃有殃。」〔註42〕正因此月適抵太歲，由「作□北征，率有咎。」知歲星在北，故不宜北征。《武王克殷日記》：「魚辛諫曰：『歲在北方，不北征。』」〔註43〕加以「失次在北，禍衝在南。」故北征

〔註34〕 請參《包山楚墓》，湖北省荊沙鐵路考古隊，文物出版社，1991 年 10 月第一版，圖版一七六。

〔註35〕 同註 34：圖版 199。

〔註36〕 同註 15，頁 31。

〔註37〕 同註 34：圖版一八三。

〔註38〕 《周易》，十三經注疏，藍燈出版社，頁 46。

〔註39〕 太歲之名，隨天干地支而不同。《爾雅·歲陽》：「太歲在甲曰閼逢、在乙曰旃蒙、在丙曰柔兆、在丁曰強圉、在戊曰著雍、在己曰屠維、在庚曰上章、在辛曰重光、在壬曰玄黓、在癸曰昭陽。」又〈歲陰〉：「太歲在寅曰攝提格、在卯曰單閼、在辰曰執徐、在巳曰大荒落、在午曰敦牂、在未曰協洽、在申曰涒灘、在酉曰作噩、在戌曰閹茂、在亥曰大淵獻、在子曰困敦、在丑曰赤奮若。」

〔註40〕 《論衡》，上海涵芬樓藏明通津草堂本，四部叢刊，頁 236。

〔註41〕 觀察歲星之所在以定其吉凶，於春秋時已有之。如《晉史》董因論公子重耳之出走，歲在大火，以辰 (即大火) 出而參 (即伐) 入，必有獲於諸侯；相反地，越得歲而吳伐之，必受其咎。

〔註42〕 《淮南子》，上海涵芬樓景印劉泖生影寫北宋本，四部叢刊，頁 24。

〔註43〕 《武王克殷日記》，林春溥，世界書局，民國 69 年 11 月三版，頁 1。

則凶，其南對衝亦凶。《呂氏春秋·十二紀》春季－其日甲乙；夏季－其日丙丁；秋季－其日庚辛；冬季－其日壬癸。〔註44〕又於〈季夏紀〉後附「中央土，其日戊己。」今圖之如次：

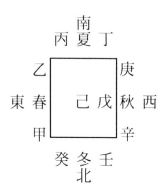

《秦簡·日書·病》：「丙丁有疾，王父爲祟。得之赤肉、雄雞、酉（酒）。庚辛病，壬有閒，癸酢。若不酢，煩居南方。歲在南方，赤色死。」〔註45〕丙丁爲夏，居南方屬火，之所以有疾，以其「歲在南方，赤色死。」之災變。「庚辛病」，庚辛爲秋，居西方屬金，火勝金，是謂得病之日爲五行居金之日。而「壬有閒，癸酢。」乃因壬癸居北方屬水，水勝火，是以謂五行居水之日病，同時應於逢水之日報祭，否則將有禍衝在南。又〈日書·病〉：「壬癸有疾，母（毋）逢人，外鬼爲祟。得之于酉（酒）、脯脩、節肉。丙丁病，戊有閒，己酢。若不酢，煩居北方。歲在北方，黑色死。」〔註46〕此則則歲在北方，壬、丙對舉，一疾一病。今視帛書此則「壬子、丙子，凶。作□北征，率有咎。」顯係歲星在北，北征必受咎，又其衝在南。以〈日書〉之例證之，益知此說之可信。壬癸爲北、丙丁爲南，歲在北失次，其衝在南。作北征則壬子凶；其衝在南則丙子凶。是以楚帛書云「壬子、丙子，凶。作北征，率有咎。」矣！

〔註44〕《說文》：「丙，位南方。」言壬則云「壬，位北方。」或即根據《呂氏春秋》而來。

〔註45〕請參《雲夢睡虎地秦墓》，雲夢睡虎地秦墓編寫組，文物出版社，1981 年 9 月第一版，文見圖版一二一，編號第七九九簡至八〇〇簡。

〔註46〕同註45，圖版一二二，編號第八〇五簡至八〇六簡。

　　（武），與 （牆盤）、 （中山王壺）形似；與 （包山楚簡一六九）形同。作駕陵、欺侮解。《老子》：「善爲士者不武。」〔註47〕「于」下一字殘缺，不可識，今闕疑。

　　（丌、其），形與 （包山楚簡七）同。楚帛書「其」字皆如是作。其，甲骨文作 、 ，本義當爲畚箕，《說文》云：「箕，所以簸者也。」〔註48〕甲骨文時，已用爲假借義，其後出現加聲符丌之其字。至戰國則又省去形符作丌。 上一短畫係繁飾。

　　（戧），从 （呂）从 （因）从 （攵），當隸作戧，字書未見。李零隸作「敨」，〔註49〕無釋；饒宗頤隸作「戧」，釋弼，訓輔。〔註50〕可備一說。

　　，扁方框各置於十二章文字之末，爲結束之標誌號，類於今之句號。（詳第十章第一節）

大意

春正月「取」正處於歲下

曰：取月，開生之候鳥乙至，不可殺生。歲星適居於北，北征則抵太歲，不利；又禍衝在南，故壬子、丙子，凶。是以北征或率兵行征伐殺戮事，均有凶咎。且將用武（駕陵）於其輔軍。

第二節　女此武

※女此武

曰：女，可以出師、築邑；不可以豪（嫁）女、取臣妾。不亦得不感（慼）

　　（女），與 （齊侯盤）、 （鄂君啓舟節）、 （包山楚簡八三）形同。「女」爲二月名。《爾雅·釋天》：「二月爲如。」〔註51〕女，古泥紐、

〔註47〕《老子》，上海涵芬樓借常熟瞿氏鐵琴銅劍樓藏宋刊本景印，四部叢刊，頁21。。

〔註48〕同註12，頁201。

〔註49〕同註22。

〔註50〕同註8，頁74。

〔註51〕《爾雅義疏》，郝懿行，藝文印書館，民國76年10月第四版，頁760。

魚部；如，古日紐、魚部。泥日古不分，知女、如可假借。《中山王鼎》：「事乎（少）女（如）跟（長），事愚女（如）智。」〔註52〕

屮 （此），形與 ⿰ （包山楚簡二○四）近似。帛書作「⿰」，從止從匕，止稍訛變，與信陽楚簡「紫」作「⿰」之「此」相近。〔註53〕作「則」解。《後漢書・黃瓊傳》：「自生民以來，善政少而亂俗多，必待堯舜之君，此爲志士終無時矣。」〔註54〕

女此武，意即女月（春二月）適於戎旅征伐事。

屮 （出），與 ⿰ （鄂君啓舟節）、⿰ （包山楚簡）形同，又見〈天象篇〉（七・15）。作「出動」解。《臣諫簋》：「隹戎大出于軝，井侯厚戎。」〔註55〕

𠂤 （師），形與 ⿰ （畣𢀛鼎）、⿰ （包山楚簡五五）同。帛書作「⿰」，其上橫短畫及豎畫間之橫畫，均係繁飾，〔註56〕與「不」之作「⿰」（〈四時篇〉五・05）同。《說文》：「𠂤，二千五百人爲師。」〔註57〕帛書之「師」，當泛指軍隊而言。《左傳・隱公十年》：「取三師焉。」〔註58〕注：「師者，軍旅之通稱。」出師，猶出兵對敵也。《左傳・文公十六年》：「出師旬有五日。」〔註59〕

𥰭 （築），形與 ⿰ （包山楚簡二三七）近。嚴一萍釋「築」，〔註60〕甚確。𥰭即𥳑，增益攵旁。《說文》：「𥳑，厚也。從亯竹聲，讀若篤。」〔註61〕段注：「𥳑、篤亦古今字。」《釋名》：「篤，築也。」〔註62〕則「𥳑」即

〔註52〕《金文總集》，嚴一萍，藝文印書館，民國72年12月初版，頁718。

〔註53〕《信陽楚墓》，文物出版社，1986年3月第一版，圖版一二三（2-015）

〔註54〕《後漢書》，范曄，中華書局據武英殿本校刊，四部備要，頁12、13。

〔註55〕同註52，頁1587。

〔註56〕戰國文字繁化之特色，加橫畫「一」者：有於橫畫之上加之，如「可」作「⿰」（見此篇各章）、「下」作「⿰」（見〈天象篇〉七・21）、「天」作「⿰」（〈天象篇〉十・06）；有於豎畫上加橫畫者：如「不」作「⿰」即是。

〔註57〕《說文解字》，許慎撰，段玉裁注，黎明文化事業股份有限公司，民國80年8月增訂八版，頁275。

〔註58〕《左傳》，十三經注疏，藍燈出版社，頁78。

〔註59〕同註58，頁347。

〔註60〕〈楚繒書新考〉（中），嚴一萍，《中國文字》第二十七冊，頁20。

〔註61〕同註57，頁232。

〔註62〕《釋名》，劉熙，上海涵芬樓借江南圖書館藏明嘉靖繙宋本景印，四部叢刊，頁16。

「築」，《說文》：「，所以擣也，从木筑聲。」〔註 63〕又：「，古文。」（按古文从段注改）今帛書籔增益攴旁，《說文》：「，小擊也。」〔註 64〕攴，所以擊也，則築之「所以擣也」義明。《說文》古文从土不从攴者，蓋夯實於土，築之於上，故古文从土。从攴从土雖殊，其義則一。蓋一表動作、一明其功耳。《包山楚簡二三七》：「篙（築）之高垦（丘）下垦（丘）各一全。」〔註 65〕

（邑），與、（包山楚簡二八）形同。《說文》：「，國也。」〔註 66〕作「都邑」解。《詩・大雅・文王有聲》：「作邑于豐。」〔註 67〕《淮南子・時則篇・仲秋之月》：「可以築城廓、建都邑。」〔註 68〕高誘注：「國有先君之宗廟曰都，無曰邑。都曰城，邑曰築。」築邑，當指封邑為言。

（不），形殘，猶可識。據殘形及文例知為「不」字，今補入。

（豙、嫁），與（楚公家鐘、戈）、（包山楚簡二一二）形近。隸作「豙」（家），讀為「嫁」。

（女），婦女，特指未婚女子。《詩・鄭風・出其東門》：「出其東門，有女如雲。」〔註 69〕又〈溱洧〉：「維士與女，伊其相謔。」〔註 70〕

（取），作「選取」解。《左傳・昭公二十七年》：「無極曰：『令尹好甲兵，子出之，吾擇焉。』取五甲五兵。」〔註 71〕帛書「取」雖作選取解，然疑有「買賣」之意。

（臣），形與（包山楚簡一六一）同。

（妾），字下半形殘。據與臣連言，又見於此篇五月「取□□為臣妾」，知為「妾」字，視其殘形，與五月之「妾」形相同，當為妾字無疑。臣、妾，皆奴隸之稱（此當指私人之奴隸）。男曰臣、女曰妾。《尚書・費誓》：

〔註 63〕同註 57，頁 255。
〔註 64〕同註 57，頁 123。
〔註 65〕請參《包山楚墓》，湖北省荊沙鐵路考古隊，文物出版社，1991 年 10 月第一版，圖版 194。
〔註 66〕同註 57，頁 285。
〔註 67〕《詩經》，十三經注疏，藍燈出版社，頁 583。
〔註 68〕《淮南子》，上海涵芬樓景印劉泖生景寫北宋本，四部叢刊，頁 36。
〔註 69〕同註 67，頁 181。
〔註 70〕同註 67，頁 182。
〔註 71〕同註 58，頁 908。

「馬牛其風，臣妾逋逃，勿敢越逐。」〔註72〕傳：「役人賤者，男曰臣、女曰妾。」臣妾連言者甚眾，舉例言之如：《伊簋》：「甗（攝）官司康宮王臣妾（此當指官府之奴隸）百工。」〔註73〕《易・遯卦》：「畜臣妾吉，不可大事也。」〔註74〕《秦簡・日書》：「毋以午出入臣妾馬，是胃（謂）并亡。」〔註75〕《史記・吳太伯世家》：「請委國為臣妾。」〔註76〕帛書「取臣妾」，當有「買賣臣妾（奴隸）」之意。古時男女奴隸，一如貨物可供買賣。《周禮・質人》：「掌成市之貨賄、人民、牛馬、兵器、珍異。」〔註77〕鄭注：「人民，奴婢也。」

夾 （亦），形與夾（三體石經・無逸）、夾（詛楚文）同。饒宗頤隸作「火」，〔註78〕帛書炎作夾（〈四時篇〉六・01）所从之「火」做「夾」，與此「夾」形不類。李零隸作「夾」，釋「兼」。〔註79〕今「夾」从大从二人，《說文》：「夾，持也。从大夾二人。」〔註80〕金文夾作夾（盂鼎）、夾（禹鼎）。與帛書之形相差益遠，今隸作「亦」。〔註81〕為句中助詞，無義。《尚書・盤庚上》：「予亦拙謀，作乃逸。」〔註82〕

得 （得），與得（魏三體石經・僖二十八年）、得（中山王壺）相似；與得（包山楚簡六）同。帛書作得，蓋省貝作貝，。《說文》：「得，行有所得也。从彳从㝵聲。得，古文省彳。」〔註83〕作「獲得」解。《禮記・大學》：「慮而后能得。」〔註84〕

〔註72〕《尚書》，十三經注疏，藍燈出版社，頁312。

〔註73〕同註52，頁1623。

〔註74〕《周易》，十三經注疏，藍燈出版社，頁85。

〔註75〕請參《雲夢睡虎地秦墓》，雲夢睡虎地秦墓編寫組，文物出版社，1981年9月第一版，文見圖版一一八，編號第七五七簡。

〔註76〕《史記會注考證》，瀧川龜太郎，宏業書局，民國76年7月再版，頁531。

〔註77〕《周禮》，十三經注疏，藍燈出版社，頁226。

〔註78〕《楚帛書》，饒宗頤、曾憲通，香港：中華書局，1985年9月版，頁74。

〔註79〕《長沙子彈庫戰國楚帛書研究》，李零，北京：中華書局，1985年7月第一版，頁77。

〔註80〕同註57，頁497。

〔註81〕夾，隸作「亦」，以帛書「火」作「夾」，亦字與火字別，故中旁二畫均先頓筆，再行外撇以別之。

〔註82〕同註72，頁128。

〔註83〕同註57，頁77。

〔註84〕《禮記》，十三經注疏，藍燈出版社，頁983。

感　（感），《字彙補》：「戚，古文感字。」〔註85〕《說文》：「感，動人心也。」〔註86〕段注：「許書有感無憾。左傳漢書憾都作感。」此隸作感，通「憾」。作「憾恨」解。《左傳‧昭十一年》：「王貪而無信，唯蔡於感。」〔註87〕

　　「不亦得不感（憾）」，意謂出師縱使無收穫、及因月忌不可嫁女選取（買賣）男女奴隸，亦不遺憾。

大意

　　春二月「女」適於戎旅征伐事

　　曰：女月，可以出師征戰、封都邑，但不可嫁女、選取（買賣）男女奴隸，縱使出師無所收穫，及因月忌不可嫁女、選取（買賣）男女奴隸，亦不遺憾。

第三節　秉司春

※秉司春

曰：秉……妻（妻）畜生分女□

秉　（秉），形稍殘，猶可識，據殘形，知與秉（國差罎）、秉（魏三體石經‧尚書‧君奭）形同。依《爾雅‧釋天》：「三月爲寎。」〔註88〕知此月爲春三月，則寎蓋爲帛書秉之假借。〔註89〕《史記‧天官書》：「二十八舍主十二州，斗秉兼之。」〔註90〕蓋以斗秉所指以明十二州之謂，古有星際分野相配之說，或即指此而言。張守節正義：「北斗所建，秉十二辰，兼十二州。」斗秉即斗把之謂。《小爾雅‧廣物》：「把謂之秉。」〔註91〕斗把即所謂斗柄。柄、秉古音同爲幫紐、陽部，故可假借。《管

〔註85〕《字彙補》，吳任臣，上海辭書出版社，1991 年 6 月第一版，頁 75。
〔註86〕同註 57，頁 517。
〔註87〕同註 58，頁 785。
〔註88〕《爾雅義疏》，郝懿行，藝文印書館，民國 76 年 10 月第四版，頁 760。
〔註89〕寎，《經典釋文》作「窝」。「窝」與帛書「秉」，同入《廣韻》上聲三十八梗，蓋秉窝同音。又《廣韻》上聲三十八梗：「窝，《爾雅》曰：『三月爲窝，本亦作寎。』」則寎即窝，亦與秉同音，二者同音通假。
〔註90〕《史記會注考證》，瀧川龜太郎，宏業書局，民國 76 年 7 月再版，頁 478。
〔註91〕《小爾雅義證》，胡承珙，中華書局據墨莊遺書本校刊，四部備要，卷八頁 2。

子‧小匡》：「治國不失秉，臣不如也。」〔註92〕三月名秉，或即取義於斗柄之謂，言斗柄盡於春，是為三月。

（司），形與 （牆盤）、 （包山楚簡二一）同。《孔子家語》：「季康子問於孔子曰：『舊聞五帝之名而不知其實，請問何謂五帝？』孔子曰：『昔丘也聞諸老聃曰：天有五行，水火金木土。分時化育，以成萬物，其神謂之五帝。……』」〔註93〕其下注云：「五帝，五行之神，佐生物者……。」是知五帝為天分派五方以理物者也。故《說文》：「 ，臣司事於外者。从反后。」〔註94〕作「治理、掌管」解。《商君書‧開塞》：「禁立而莫之司，不可，故立官。」〔註95〕《史記‧太史公自序》：「命南正重以司天。」〔註96〕

（春），與 （魏三體石經‧莊公二十八年）、 （汗簡）、 （包山楚簡二一四）形似。《說文》：「 ，推也。从日艸屯，屯亦聲。」〔註97〕帛書春作 ，蓋刪艸而於屯加繁飾」。

「秉司春」之句例與《免簋》中之「某嗣（司）斁（廩）」同。饒宗頤引《漢書‧魏相傳》：「東方之神太皞，秉震執規以司春。」例「秉司春」可從。〔註98〕

此段文字殘斷較甚，依此篇各段文例，知首二字為「曰、秉」，今補之。其下殘去數字，不可知，今闕疑。

（妻），上半形殘，高明隸作「事」，〔註99〕無釋。今據殘形知字下半从女，與从「吏」之「事」不類。按「事」見於四月條，殘形與之不類。巴納德隸作宴，〔註100〕曾憲通據以隸作「妻」，〔註101〕引《叔皮父簋》

〔註92〕《管子》，上海涵芬樓借常熟瞿氏鐵琴銅劍樓藏宋槧本影印，四部叢刊，頁46。

〔註93〕《孔子家語》，王肅注，上海涵芬樓借江南圖書館藏明繙宋本景印，四部叢刊，頁65。

〔註94〕《說文解字》，許慎撰，段玉裁注，黎明文化事業股份有限公司，民國80年8月增訂八版，頁434。

〔註95〕《商子》商鞅，上海涵芬樓景印天一閣本，四部叢刊，頁12。

〔註96〕同註90，頁1332。

〔註97〕同註94，頁48。

〔註98〕《楚帛書》，饒宗頤、曾憲通，香港：中華書局，1985年9月版，頁75。

〔註99〕〈楚繒書研究〉，高明，《古文字研究》第十二輯，1985年10月，頁390。

〔註100〕《THE CH'U SILK MANUSCRIPT~Translation and Commentary~》 Noel Barnard MONOGRAPHS ON FAR EASTERN HISTORY May，1973

妻字作「𡚩」，可從。

𤯓　（畜），形與𤰔（欒書缶）、畜（秦公簋）同，作「禽獸」解。《周禮・天官・庖人》：「庖人掌共六畜、六獸、六禽，辨其名物。」〔註102〕

屮　（生），形與生（武生鼎）、生（包山楚簡二六）同。通「牲」，生、牲古音同爲生紐、耕部，故可通假。《論語・鄉黨》：「君賜生，必畜之。」〔註103〕畜生，即畜養之禽獸，後爲禽獸之通稱。《管子・禁藏》：「毋殺畜生，毋拊卵。」〔註104〕《韓非子・解老》：「民產絕則畜生少。」〔註105〕

少　（分），形與𠔿（滐父甲觶）、𠔿（邾公牼鐘）、分（包山楚簡四七）同。

𡚩　（女），形殘，據殘形猶可知爲「女」字，今補入。

⠶　（？），形殘，不可識。以其爲置章末，疑即表結束之章句號「▱」。因殘形不顯，是以姑存疑之。

此章殘泐極甚，文意難以得知。

大意

春三月「秉」主掌管春季

曰：秉月，……妻、畜養之禽獸，……。

第四節　余取女

※余取女

曰：余，不可以乍（作）大事，少杲亓（其）□，□（蒼？）龍亓（其）乀（見？），取（娶）女爲邦笑▱

朵　（余），右邊稍殘，猶可識，形與余（南彊鐘）、余（包山楚簡一四五）同。據文例知爲四月月名。《爾雅・釋天》：「四月爲余。」〔註106〕包

〔註101〕《長沙楚帛書文字編》，曾憲通，北京：中華書局，1993 年 2 月第一版，頁34。

〔註102〕《周禮》，十三經注疏，藍燈出版社，頁 59。

〔註103〕《論語》，十三經注疏，藍燈出版社，頁 90。

〔註104〕同註 92，頁 104。

〔註105〕《韓非子》，上海涵芬樓藏黃蕘圃校宋本，四部叢刊，頁 32。

〔註106〕《爾雅義疏》，郝懿行，藝文印書館，民國 76 年 10 月第四版，頁 760。

山楚簡一四五簡簡背，四月作「舍」月，余益「口」。四月又作「除月」，《詩經‧小雅‧小明》：「昔我往矣，日月方除。」〔註107〕鄭箋：「四月爲除。」〔註108〕

取，即今「娶」之本字。《詩經‧齊風‧南山》：「取妻如之何？匪媒不得。」〔註109〕

章文首行二字殘缺，依此篇各章文例，知所缺字爲「曰、余」，今補入。

二　（可），形殘，據殘形及文例知爲「可」字，今補入。

〔圖〕　（乍），形與〔圖〕（宰出簋）、〔圖〕（邾公華鐘）、〔圖〕（魏三體石經‧尚書‧多方）同。即「作」字，訓「爲」。《毛公鼎》：「俗（欲）我弗乍（作）先王〔圖〕（憂）。」〔註110〕

〔圖〕　（大），形與〔圖〕（大子鎬）、〔圖〕（鄂君啓舟節）、〔圖〕（包山楚簡二）同。《易‧乾卦‧象傳》：「大哉乾元，萬物資始。」〔註111〕

〔圖〕　（事），形與〔圖〕（包山楚簡一三六）同。「大事」，泛指行大祭、興土功、舉兵眾、合諸侯而言。《公羊傳‧文公二年》：「大事于大廟。」〔註112〕《呂氏春秋‧仲春紀》：「無作大事，以妨農功。」〔註113〕《禮記‧月令‧仲秋之月》：「凡舉大事，勿逆大數。」〔註114〕鄭玄注：「事謂興土功、合諸侯、舉兵眾也。」

「無作大事」，例見上引，又見《秦簡‧日書》：「窓結之日，利以結言，不可以作大事，利以學書。」〔註115〕

〔圖〕　（杲），木形稍殘，形與〔圖〕（包山楚簡八十七）同。《說文》：「〔圖〕，明也。

〔註107〕《詩經》，十三經注疏，藍燈出版社，頁446。

〔註108〕《爾雅義疏》：「余者，釋文餘舒二音，孫作舒。《詩‧小明》正義引李巡曰：『四月萬物皆生枝葉，故曰余；余，舒也。』孫炎曰：『物之枝葉敷舒。』是李孫義同，孫本作舒爲異『日月其除』。鄭箋：『四月爲除。』是鄭讀除爲余。

〔註109〕同註107，頁197。

〔註110〕《金文總集》，嚴一萍，藝文印書館，民國72年12月初版，頁727。

〔註111〕《周易》，十三經注疏，藍燈出版社，頁10。

〔註112〕《公羊傳》，十三經注疏，藍燈出版社，頁165。

〔註113〕《呂氏春秋》，上海涵芬樓藏明宋邦義等刊本，四部叢刊，頁12。此語又見於《禮記‧月令》、《淮南子‧時則訓》。

〔註114〕《禮記》，十三經注疏，藍燈出版社，頁327。

〔註115〕請參《雲夢睡虎地秦墓》，雲夢睡虎地秦墓編寫組，文物出版社，1981年9月第一版，文見圖版一四五，編號第九○九簡。

從日在木上。」〔註116〕《詩經・衛風・伯兮》：「其雨其雨，杲杲出日。」〔註117〕《廣雅・釋訓》：「杲杲，白也。」〔註118〕此「少杲」，當將明而未全明之際，即《楚辭・遠遊》：「陽杲杲其未光兮。」〔註119〕之意。曹錦炎釋「少杲」即「少皞」，〔註120〕此說可慮。

　　「其」，語氣詞，表示「將然」之意。《左傳・莊公二十二年》：「五世其昌，並于正卿。」〔註121〕「其」，下二字殘缺，上字不可識，今闕疑，下字依文意疑即「蒼」字，說詳下。

（龍），與（邵鐘）、（包山楚簡一三八）形同。星名，東方蒼龍七宿之統稱。〔註122〕《左傳・襄公二十八年》：「龍，宋鄭之星也。」〔註123〕又《左傳・桓公五年》：「龍見而雩。」〔註124〕注云：「龍見建巳之月（按即夏正四月），蒼龍宿之體，昏見東方，萬物始盛。」四月昏，龍星體見。正與帛書余（四）月言「龍」暗合。「□龍其□」所缺二字，疑爲「蒼」、「見」。「蒼龍其見」除與《左傳・桓公五年》注契合外，亦與帛書㱿（五）月條「不見月在□□」對言，又《左傳・莊公二十九年》：「凡土功，龍見而畢務，戒事也。」〔註125〕正與此月所云「不可作大事，……□（蒼）龍其□（見）……。」之意同，是知補「蒼」、「見」當可據。

（爲），形與（包山楚簡一一○）同，此作被動詞，訓「被」。《國語・

〔註116〕《說文解字》，許愼撰，段玉裁注，黎明文化事業股份有限公司，民國 80 年 8 月增訂八版，頁 255。

〔註117〕同註 107，頁 140。

〔註118〕《廣雅疏證》，王念孫，北京：中華書局，1983 年 5 月第一版，頁 180。

〔註119〕《楚辭》，上海涵芬樓借江南圖書館藏明繙宋本景印，四部叢刊，頁 91。

〔註120〕曹錦炎讀少杲爲少皞，此說可慮。今觀帛書此篇十二章文字，概言戎旅、嫁娶、戮不義、築邑、合諸侯、聚眾諸事，全未提及人名，獨於此月「少杲」繫上「少昊」，恐失之附會。加以此十二段文字，類似古月令之粗胚，今視其後記載有關月令之書，如《呂氏春秋・十二紀》、《淮南子・時則訓》、《禮記・月令》，均未於宜忌中言及人名者，加以今觀〈宜忌篇〉類於行政月曆書，自以實用爲主，何以又滲入神話人物，是此少皞之說仍待商榷。曹錦炎文見〈楚帛書《月令》篇考釋〉，《江漢考古》1985 年第一期，頁 64。

〔註121〕《左傳》，十三經注疏，藍燈出版社，頁 163。

〔註122〕東方蒼龍七宿：角、亢、氐、房、心、尾、箕。

〔註123〕同註 121，頁 651。

〔註124〕同註 121，頁 108。

〔註125〕同註 121，頁 178。

越語》下：「不聽吾言，身死、妻子爲戮。」〔註126〕

邦 （邦），與 ![字] （毛公鼎）、![字] （邾公華鐘）、![字] （包山楚簡二二六）形近。《說文》：「![字] ，國也。」〔註127〕《尚書・五子之歌》：「民爲邦本，本固邦寧。」〔註128〕

笑 （笑），不見於一般字書。嚴一萍引《禹鼎》作 ![字] 、《虢季子白盤》作 ![字] ，疑即「光」字；〔註129〕李零隸作「芺」，釋「疑」；〔註130〕饒宗頤則據曾憲通隸「芺」而讀爲「沃」；〔註131〕曾氏則釋爲「笑」，〔註132〕曾氏說可從。今按《包山楚簡》第十五簡簡背有「愁」作 ![字] ，又第二三三簡「犬」字作 ![字] ；《信陽楚簡》二一二簡「器」作 ![字] 、「![字] 」，知楚字「犬」作 ![字] 、![字] ，是以帛書「笑」，當隸作从艸从犬之「芺」，形與 ![字] （漢印徵補）同，讀爲「笑」，即今「笑」字。按古文从艸从竹往往不分。〔註133〕《說文》：「![字] ，喜也。从竹从犬。」〔註134〕李陵〈答蘇武書〉：「舉目言笑，誰與爲歡。」〔註135〕笑作笑。

〔註126〕《國語》，上海涵芬樓借杭州葉氏藏明金李刊本景印，四部叢刊，頁152。
〔註127〕同註116，頁285。
〔註128〕《尚書》，十三經注疏，藍燈出版社，頁100。
〔註129〕〈楚繒書新考〉（中），嚴一萍，《中國文字》第二十七冊，頁24。
〔註130〕《長沙子彈庫戰國楚帛書研究》，李零，北京：中華書局，1985年7月第一版，頁77。
〔註131〕《楚帛書》，饒宗頤、曾憲通，香港：中華書局，1985年9月版，頁76。
〔註132〕《長沙楚帛書文字編》，曾憲通，北京：中華書局，1993年2月第一版，頁44。
〔註133〕古文字从艸从竹往往不分，如：「狼藉」又作「狼藉」。《史記・滑稽列傳・淳于髡》：「男女同席，履烏交錯，杯盤狼藉，堂上燭滅。」《史記・蒙恬傳》：「以是籍於諸侯。」索隱：「言其惡聲狼藉，布於諸國。」又如「答」之與「荅」。《集韻》：「答，通作荅。」《孟子・離婁》上：「禮人不荅反其敬。」《漢書・五行志》下之上：「適不荅茲謂不次。」又如「荃」之與「筌」。《文選・任昉・宣德皇后令》：「要不得不彊爲之名，使荃宰有寄。」《宋史・陳升之傳》：「王安石用事，……世以是譏之，謂之筌相。」又如《魏三體石經》「葬」之古文作「![字] 」，从竹；又簿書之簿，古文皆从艸不从竹，詳錢大昕《十駕齋養新錄》卷三・簿。
〔註134〕《說文》五上竹部「笑」，从竹从犬；而今「笑」字，从竹从夭。其演變過程，段注說之甚詳。其云：「徐鼎臣說孫愐《唐韻》引《說文》云：『笑，喜也。从竹从犬。』而不述其義……《唐韻》每字皆勒《說文》篆體，此字之竹犬，孫親見其然，是以唐人無不从犬作者。《干祿字書》云：『咲通笑。』……《玉篇》……《廣韻》因《唐韻》之舊，亦作笑，此本無可疑者，自唐元度《九經字樣》始先笑後笑，引楊承慶《字統》異說云：『从竹从夭。竹爲樂器，君

《臨沂漢簡・晏子》笑字即作芺。〈晏子簡〉：「慎終而芺。」〔註136〕帛書於此作「譏笑」解。《孟子・梁惠王》：「以五十步笑百步，則何如？」〔註137〕帛書「取女爲邦笑」，與《周易・姤》云：「女壯，勿用取女。」〔註138〕均言不宜於取（娶）女。

大意

夏四月「余」最忌娶婦

曰：余月，不可以行大祭、興土功、舉兵眾、合諸侯，日將明□，東方蒼龍七宿出現，此月娶婦將爲國人所譏笑。

第五節　歃出晧

※歃出晧（曙）

曰：歃，戮帥□得以匿，不見月才（在）⦻□，不可以享祀，凶。取□□爲臣妾⦻

（歃），形殘，據文例知與「曰」下一字同，是知爲从欠从咎聲之歃。形與 （包山楚簡一八六）同。即五月月名，《爾雅・釋天》：「五月爲皋。」〔註139〕《說文》：「咎，高气也。从口九聲。」〔註140〕段注：「巨鳩切，三部。」（古爲群紐、幽部）《說文》：「皋，气皋白之進也。从白本。」〔註141〕段注：「古勞切，古音在三部。」（古爲見紐、幽部）知咎、皋俱屬三部尤韻，可假借。又《說文》：「丩，曲也，从口丩聲。」

子樂然後笑。』《字統》每與《說文》乖異，見元應書蓋楊氏求从犬之故不得，是用改天形聲，唐氏從之，李陽冰遂云：『竹得風，其體夭屈如人之笑。』自後徐楚金缺此篆，鼎臣竟改《說文》作笑，而《集韻》、《類篇》乃有𥬇無笑，宋以後經籍無笑字矣！」說同註116，頁100。

〔註135〕參見，《文選》，蕭統，藝文印書館，民78年1月第十一版，頁584。
〔註136〕參見〈臨沂漢簡通假字表〉，羅福頤，《古文字研究》第十一輯，北京：中華書局，1985年10月第一版，頁73。
〔註137〕《孟子》，十三經注疏，藍燈出版社，頁12。
〔註138〕同註111，頁104。
〔註139〕《爾雅義疏》，郝懿行，藝文印書館，民國76年10月第四版，頁761。
〔註140〕《說文解字》，許慎撰，段玉裁注，黎明文化事業股份有限公司，民國80年8月增訂八版，頁60。
〔註141〕同註140，頁502。

〔註142〕段注：「古侯切，古音在四部。」（古爲見紐、侯部）四部屬侯韻，尤、侯可通，是知呂、句亦可假借。今按一九六五年於湖北江陵紀南城出土「越王句踐劍」，〔註143〕其「句踐」之「句」即作「𠃌」。是知五月「𠃌」，即今「句」字，音「勾」。

✓ （出），形殘，據殘形知與 ⚹（〈天象篇〉七·03；七·15）同，隸作「出」，與 ⚹（鄂君啓舟節）形同。

日者 （睹），形與 𦩻（包山楚簡一七三）同。从日从者。「者」，信陽楚簡作「壹」，〔註144〕與楚帛書作「𦩻」形近，蓋形訛變耳。《說文》：「睹，且明也，从日者聲。」〔註145〕「睹」實即「曙」字。謝靈運〈從斤竹澗越嶺溪行詩〉：「猿鳴誠知曙，谷光幽未顯。」李善注：「《說文》曰：『曙，且明也。』」〔註146〕《淮南子·天文篇》：「日入于虞淵之汜，曙於蒙谷之浦。」〔註147〕

出曙，蓋又與此章文「不見月在⚫□」對言。〔註148〕

日 （日），下形殘，據殘形及文例知爲「日」字，今據補入。

戠 （戠），从𢍱从戈。或釋盜、或釋𣌭。〔註149〕鳥，《包山楚簡》作 𩿧、𩾏、𩿒、𩿬、𩾐，〔註150〕又𢍱作 𣌭（二五八簡）。今帛書 𣌭，正與《包山楚

〔註142〕同註140，頁88。
〔註143〕參見，《文物》，1973年第六期，圖版壹。
〔註144〕參見，《信陽楚墓》，文物出版社，1986年3月第一版，圖版一一三（1-02）、一一四（1-017）、一一五（1-024）
〔註145〕《說文解字》，許慎撰，段玉裁注，黎明文化事業股份有限公司，民國80年8月增訂八版，頁305。睹，各本作「旦明也。」段注改「旦」爲「且」，今段注。
〔註146〕參見，《文選》，蕭統，藝文印書館，民78年1月第十一版，頁323。
〔註147〕《淮南子》，上海涵芬樓景印劉泖生景寫北宋本，四部叢刊，頁22。
〔註148〕愚按帛書此篇十二段文字之章題，由「取于下」而直至「𡍒司冬」，俱各以該月最突出之事爲言，或正或反。如1月，以1月抵太歲不可征伐爲大，故言「取于下」，此爲正面言；2月，以此月可出師行戎旅事爲大，故言「女此武」，亦正面言；4月，取女將爲旁人所譏笑，此月以此爲大忌，故言「余取女」，此則作反面言；再如5月，以「不見月在□□」，猶似月應見而未見，當爲德匿，此亦其大事，故此月言「欲出睹」，亦作反面語。
〔註149〕釋盜者，如〈楚繒書研究〉，高明，《古文字研究》第十二輯，1985年10月，頁391、《長沙子彈庫戰國楚帛書研究》，李零，北京：中華書局，1985年7月第一版，頁77；釋𣌭，《楚帛書》，饒宗頤、曾憲通，香港：中華書局，1985年9月版，頁78。
〔註150〕上舉《包山楚簡》以鳥爲偏旁字，分別見於二五五簡「𩿧」、二五八簡「雛」、

簡》梟形同，故帛書![字]隸作戦。戦字書無見。《說文》：「![字]，不孝鳥
也，故日至捕梟磔之。从鳥在木上。」〔註151〕段注：「此篆不入鳥部
而入木部者，重磔之於木也。」今戦从梟从戈會意。从戈，益明其爲
梟斬之義。此作「勇猛」解。《淮南子‧原道篇》：「其魂不躁，其神不
嬈，湫漻寂寞，爲天下梟。」〔註152〕

![字]　（率），形殘，據殘形知爲「衛（率）」字。（帥），說見前。衛，即帥字。
《說文》：「![字]，將衛也。」〔註153〕段注：「將帥字，古袛作將衛，帥
行而衛又廢矣。」衛、率、帥，音同可通。《荀子‧富國》：「將率不能
則兵弱。」〔註154〕注：「率與帥同。」戦帥，指勇猛之將帥。李陵〈答
蘇武書〉：「以五千之眾，對十萬之軍，⋯⋯然猶斬將搴旗，追奔逐北，
滅跡掃塵，斬其梟帥。」〔註155〕

衛下一字殘，疑爲「不」字，以應「出晴」。

![字]　（旻），或釋「可」，〔註156〕恐爲文例所誤，今視其形，爲「得」字無
疑。

![字]　（見），形與![字]（鄂君啓舟節）、![字]（信陽楚簡二～○一三）、![字]（包山楚
簡二四九）同。《說文》：「![字]，視也。」〔註157〕《易‧艮卦》：「行其
庭，不見其人。」〔註158〕

![字]　（月），形與![字]（包山楚簡一二）同。《詩‧齊風‧雞鳴》：「匪東方則明，
月出之光。」〔註159〕

![字]　（才），形與![字]（中山王壺）、![字]、![字]（包山楚簡八、十一）同。假借
作「在」（才、在古同爲從紐、之部）。《令彝》：「隹八月，辰才（在）

一八三簡「雝」、一九四簡「鳴」、九五簡「鳴」。請參《包山楚墓》，湖北省
荊沙鐵路考古隊，文物出版社，1991年10月第一版，所附圖版。
〔註151〕同註140，頁273。
〔註152〕同註147，頁8。
〔註153〕同註140，頁79。
〔註154〕《荀子》，上海涵芬樓景印古逸叢書本，四部叢刊，頁70。
〔註155〕參見，《文選》，蕭統，藝文印書館，民78年1月第十一版，頁585。
〔註156〕〈楚繒書新考〉（中），嚴一萍，《中國文字》第二十七冊，民國57年3月出
版，頁25。
〔註157〕同註140，頁412。
〔註158〕《易經》，十三經注疏，藍燈出版社，頁115。
〔註159〕《詩經》，十三經注疏，藍燈出版社，頁188。

甲申。」〔註160〕

□ （？），形殘，不可識，今闕疑。其下一字殘缺，亦闕疑之。

□ （享），形與 🔲 （包山楚簡一七一）同。訓「獻物祭祀」，《尚書‧盤庚》：「大享于先王。」〔註161〕《禮記‧祭義》：「生則敬養，死則敬享。」〔註162〕

🔲 （祀），與 🔲 （邙𠧪）形同。《說文》：「🔲，祭無已也。」〔註163〕《爾雅‧釋詁》：「祀，祭也。」〔註164〕作「祭祀」解。《禮記‧祭法》：「以死勤事則祀之。」〔註165〕享祀猶享祭。《包山楚簡二三七》：「舉禱楚先老童、祝融、媸酓各兩牂，享祭；筈之高室（丘）、下室（丘）各一全。」〔註166〕

🔲 （取），形殘，據殘形猶可知爲「取」字，今補入。「取」下二字殘去，今闕疑。

🔲 （爲），形殘，據殘形猶可知爲「爲」字，今補入。

大意

夏五月「砍」隱而復現

曰：砍月，勇猛之將帥不得以隱藏躲避，不見月在□□，不可以獻物祭祀、選取□□爲臣妾，否則將有凶災毀禍事。

第六節　獻司夏

※獻司夏

曰：獻，不可出師，水師不 🔲 ，亓（其）🔲 亓（其）覆，🔲（至于）々大🔲，不可以享🔲

🔲 （獻），形有折痕，據文例知與曰下一字同，今補之。與 🔲 （王孫鐘）、

〔註160〕《金文總集》，嚴一萍，藝文印書館，民國72年12月初版，頁2738。
〔註161〕《尚書》，十三經注疏，藍燈出版社，頁129。
〔註162〕《禮記》，十三經注疏，藍燈出版社，頁808。
〔註163〕同註140，頁3。
〔註164〕同註139，頁182。
〔註165〕同註162，頁802。
〔註166〕參註150：圖版194。

（包山楚簡六九）形同。爲夏六月月名，《爾雅・釋天》：「六月爲且。」〔註167〕《仰天湖楚簡》「組」字作「續」，《汗簡》「且」字作「庫」，又《方言》：「挹、攄，取也。」〔註168〕盧，古爲從紐、魚部；且，古爲精、清紐，魚部。知盧、且古可假借。《說文》：「　，又卑也。从又，盧聲。」〔註169〕又《說文》：「　，虎不柔不信也。从庀，且聲。」〔註170〕是知歔以「且」爲聲，故「歔」、「且」音同可假借。《包山楚簡二一一》：「（且）敘於宮室。」〔註171〕

（師），形殘，猶可識。據殘形及文例補入。〔註172〕

（？），右半形殘，不可識，今闕疑。

（敗？），左形殘，依文意疑即「敗」字。「敗」形作　（南疆鉦）、　（鄂君啓舟節）、　（包山楚簡二三）。

（覆），形與　（散盤）、　（魏三體石經・僖二十八年）近；與　（包山楚簡二三八）形同。此作「覆滅」解。

（至于），係「至于」之合文，蓋借其相同筆畫，合而書之。右下加「＝」係合文符。借筆劃合文，例見「上下」作「　」（〈四時篇〉三・02；〈宜忌篇〉七・03）。（合文，請參第十章第一節）

（？），形殘，不可識，今闕疑。

「大」，說見前。饒宗頤隸作「下」，〔註173〕今視影本，於形恐誤。

（？），形殘，不可識，今闕疑。

（不），形殘，猶可識爲「不」字，今據補入。

（可），形殘，猶可識爲「可」字，今據補入。

六月歔，不適於戎旅事，尤以出師爲甚。今言「『不可』出師」，語氣

〔註167〕《爾雅義疏》，郝懿行，藝文印書館，民國76年10月第四版，頁761。

〔註168〕《方言》，上海涵芬樓借江安傅氏雙鑑樓藏宋刊本景印，四部叢刊，頁35。

〔註169〕《說文解字》，許慎撰，段玉裁注，黎明文化事業股份有限公司，民國80年8月增訂八版，頁116。

〔註170〕同註169，頁211。

〔註171〕請參《包山楚墓》，湖北省荊沙鐵路考古隊，文物出版社，1991年10月第一版，圖版一八四。

〔註172〕不可出師，「師」字漫漶不明，此篇十二章文字，概以戎旅征戰爲多，據2月文例「可以出師」，補入。

〔註173〕《楚帛書》，饒宗頤、曾憲通，香港：中華書局，1985年9月版，頁78。

簡短有力，較它章用「不可以」爲緊湊，知其忌諱之甚。楚居江漢，
地處多水。相傳上古共工氏之官員以水命名，故稱水師。《左傳・昭公
十七年》：「共工氏以水紀，故爲水師而水名。」〔註174〕楚疆地處江陵
川澤，爲禦外侮必有水師之制，帛書之水師，當指「舟師（水軍）」而
言。《史記・淮陰侯列傳》：「楚數使奇兵渡河擊趙。」〔註175〕《左傳・
襄公二十四年》：「夏，楚子爲舟師以伐吳，不爲軍政，無功而還。」
〔註176〕杜注：「舟師，水軍。」又《左傳・昭公二十四年》：「楚子爲
舟師以略吳疆。」〔註177〕

大意

　　夏六月「虘」主掌管夏季

　　曰：虘月，不可出師行戎旅征戰事，尤以水師爲不宜。若不依循，則將
敗滅覆亡，至於□大□，不可以獻物祭祀。

第七節　倉莫得

※倉莫得

　　曰：倉，不可以川 ⌃，大不訐于邦，又（有）梟內（納）于 ⌐（上
下） ⊔

仝	（倉），形與 ⾦（包山楚簡一八一）同。即秋七月月名，《爾雅・釋天》：「七月爲相。」〔註178〕倉，古爲清紐、陽部；相，古爲心紐、陽部，知倉、相音近可假借。
茻	（莫），字下「艸」形殘，猶可知爲「莫」字。形與 茻（散盤）、茻（包山楚簡一一七）同。莫，即今「暮」的本字。《說文》：「茻，日且冥也。」〔註179〕《詩經・齊風・東方未明》：「不能辰夜，不夙則莫。」〔註180〕

〔註174〕《左傳》，十三經注疏，藍燈出版社，頁835。
〔註175〕《史記會注考證》，瀧川龜太郎，宏業書局，民國76年7月再版，頁1041。
〔註176〕同註174，頁610。
〔註177〕同註174，頁886。
〔註178〕《爾雅義疏》，郝懿行，藝文印書館，民國76年10月第四版，頁761。
〔註179〕《說文解字》，許慎撰，段玉裁注，黎明文化事業股份有限公司，民國80年8月增訂八版，頁48。
〔註180〕《詩經》，十三經注疏，藍燈出版社，頁192。

「莫得」說詳下。

丂　（可），形殘，據殘形猶可知爲「可」字，今補入。

川　（川），形與川（矢簋）、川（臨沂漢簡・孫臏一〇九）同。《說文》：「川，貫穿通流水也。」〔註181〕

丶　（？），形殘，不可識，今闕疑。

帛書「不可以川□」，或即與《呂氏春秋・孟秋紀》「完隄防，謹壅塞，以備水潦。」〔註182〕之意同，蓋其時節眾水皆出，易爲水患。《管子・度地》：「當秋三月，山川百泉踊，降雨下，山水出，海路距，雨露屬，天地湊汐。」〔註183〕

訴　（訴），與訴（蔡侯盤）形同。高明釋「卿」，並言「此字不從川而從『北』，此乃卵之古體。」〔註184〕按訴所從之斤，帛書作「斤」，其上形或稍有突出，然非書者刻意爲之。視此章「川」字，其轉折處亦突出，又《包山楚簡八八》斯字作「斯」，其斤字轉折處亦稍加寬，高氏所謂「卵之古體」之「北」，其突出之形蓋折筆所致。或釋作「訓」，〔註185〕字從「斤」非從「川」甚明，其說可慮。《說文》：「訴，喜也。」〔註186〕段注引晉灼言「訴，古欣字。」知訴、欣爲古今字。又《說文》欠部：「欣，笑喜也。」〔註187〕訴、欣古音同爲曉紐、文部，音同可通。《史記・周本紀》：「庶民不忍，訴戴武王。」〔註188〕

梟　（梟），形與歂月之「戕」形同，唯缺「戈」旁。梟，惡鳥，相傳生而食母。《說文》：「梟，不孝鳥也。故日至捕梟磔之，從鳥在木上。」〔註189〕

〔註181〕同註179，頁574。

〔註182〕《呂氏春秋》，上海涵芬樓藏明宋邦義等刊本，四部叢刊，頁40。

〔註183〕《管子》，上海涵芬樓借常熟瞿氏鐵琴銅劍樓藏宋槧本景印，四部叢刊，頁108。

〔註184〕〈楚繒書研究〉，高明，《古文字研究》第十二輯，1985年10月，頁391。

〔註185〕釋「訓」者有〈楚繒書新考〉（中），嚴一萍，《中國文字》第二十七冊，頁28；《長沙子彈庫戰國楚帛書研究》，李零，北京：中華書局，1985年7月第一版，頁78；《長沙楚帛書文字編》，曾憲通，北京：中華書局，1993年2月第一版，頁62。

〔註186〕同註179，頁94。

〔註187〕同註179，頁415。

〔註188〕《史記會注考證》，瀧川龜太郎，宏業書局，民國76年7月再版，頁69。

〔註189〕同註179，頁273。

段注：「漢書音義孟康曰：『梟，鳥名，食母；破鏡，獸名，食父。黃帝欲絕其類，使百吏祠皆用之。』」黃帝啓以梟祭祀之始，至漢祠黃帝，亦以梟爲之。《漢書・郊祀志上》：「祠黃帝用一梟、破鏡。」〔註190〕於漢又有賜百官「梟羹」之儀。《史記・武帝紀》：「祠黃帝用一梟、破鏡。」〔註191〕集解：「如淳曰：『漢使東郡送梟，五月五日爲梟羹，以賜百官。以惡鳥，故食之。』」長沙風俗，忌見梟鳥，以其爲不祥之物。西漢賈誼出爲長沙王太傅，有鵩鳥飛入其室，狀似鴞，世俗以爲不祥。〔註192〕《西京雜記・五》：「賈誼在長沙，鵩鳥集其承塵。長沙俗以鵩鳥至人家，主人死。」〔註193〕長沙俗以鵩、鴞二鳥爲不祥之物，蓋其惡聲之故。《周禮・秋官・硩蔟氏》：「掌覆夭鳥之巢。」〔註194〕注：「夭鳥，惡鳴之鳥，若鴞鵩。」疏：「鴞之與鵩，二鳥俱是夜爲惡鳴者也。」又〈庭氏〉云：「掌射國中之夭鳥。若不見其鳥獸，則以救日之弓與救月之矢射之。」〔註195〕鄭注云：「不見鳥獸，謂夜來鳴呼爲怪者。」《荊楚歲時記》：「鴞大如鳩，惡聲，飛入人家，不祥，其肉美堪爲炙。」〔註196〕由上知鴞於夜惡鳴，亦可爲炙以食用，實即漢儀之「梟羹」。又鴞，古音爲匣紐、宵部；梟，古音爲見紐、宵部。則鴞、梟音近可通，或即一物。則倉莫得之「莫得」可解矣！誠如《周禮・秋官・硩蔟氏》賈疏所言「鴞之與鵩，二鳥俱是夜爲惡鳴者也。」又如鄭注所謂「夜來鳴呼爲怪者」之〈庭氏〉「以救日之弓與救月之矢射之」。即因此不祥鳥梟，於夜方作惡鳴，是以長沙人欲捕之當於夜，聽其聲以辨其位，是以帛書言「莫（暮）得」。楚俗忌梟，而七月當以此事爲最重，是以取爲章題，以昭顯耳。〔註197〕

〔註190〕《漢書》（冊三），中華書局據武英殿本校刊，四部備要，頁16。
〔註191〕同註188，頁206。
〔註192〕參見，《文選》，蕭統，藝文印書館，民78年1月第十一版，頁202，賈誼〈鵩鳥賦・序〉：「鵩似鴞，不祥之鳥也。」又《集韻》：「鵩，妖鳥也。」
〔註193〕《西京雜記》，上海涵芬樓借印江安傅氏雙鑑樓藏明嘉靖孔天胤刊本，四部叢刊，頁18。
〔註194〕《周禮》，十三經注疏，藍燈出版社，頁558。
〔註195〕同註194，頁559。
〔註196〕《荊楚歲時記》此文，引自《歲時廣記》，百部叢書集成，十萬卷樓叢書第七函，藝文印書館，文見卷二十三，頁14。
〔註197〕治梟於夜之說，亦見於《晏子春秋・雜下》第六之四，其云：「景公爲路寢之台，成而不踊焉。柏常騫曰：『君爲台甚急，台成，何爲而不踊焉？』公曰：『然，有梟昔者鳴聲，無不爲也，吾惡之甚，是以不踊焉。』柏常騫曰：『臣請禳而去。』

大	（內），形與 **大** （包山楚簡一三）同，通「納」。《荀子・富國》：「婚姻娉內，送逆無禮。」〔註198〕
于	（于），形殘，猶可識為「于」字，今補入。
上下	（上下），為上下之借筆劃合文，即簡省相同構件「一」而合書之，益「＝」為合文符。「上下」，於此訓「神人」。《國語・周語》：「夫王人者，將導利而布之上下者也。」〔註199〕《秦簡・日書》：「達日利以行師、出正、見人，以祭上下，皆吉。」〔註200〕《論語・述而》更直標「上下神祇」，其云：「誄：『禱爾于上下神祇。』」〔註201〕納梟于祠，蓋黃帝肇其始，「有梟內于上下」蓋「以梟為祭牲，祭祀於上下神祇。」之謂也。

大意

秋七月「倉」於夜聽梟鳴以捕得之

曰：倉月，應謹壅塞、勤濬川、愼防水潦，邦內將有凶事，大不欣和。以梟為犧牲，祭祀於上下神祇。

第八節 臧坐信

※ 臧坐信

曰：臧（臧），不可以築室，不可以 ～師，腜（瘠）不復，亓（其）邦有大亂，取（娶）女，凶 ▯

臧	（臧），即臧字，形與 **送** （包山楚簡二三）同。為秋八月月名，《爾雅・釋天》：「八月為壯。」〔註202〕臧，古為精紐、陽部；壯，古為莊紐、

公曰：『何具？』對曰：『築新室，為置白茅，公使為室成置白茅焉。』柏常騫夜用事，明日（疑脫『問』字）公曰：『今昔聞鴉聲乎？』公曰：『一鳴而不復聞，使人往視之，鴉當陞布翌伏地而死。」請參《晏子春秋》上海涵芬樓借江南圖書館藏明活字本景印，四部叢刊，文見內篇雜下第六之四，頁62～63。

〔註198〕《荀子》，上海涵芬樓景印古逸叢書本，四部叢刊，頁62。

〔註199〕《國語》，上海涵芬樓借杭州葉氏藏明金李刊本景印，四部叢刊，頁5。

〔註200〕請參《雲夢睡虎地秦墓》，雲夢睡虎地秦墓編寫組，文物出版社，1981年第一版，文見圖版一一六，編號第七三六簡。

〔註201〕《論語》，十三經注疏本，藍燈出版社，頁65。

〔註202〕《爾雅義疏》，郝懿行，藝文印書館，民國76年10月第四版，頁761。

陽部，知臧、壯古音近可假借。

（？），形殘，不可識，今闕疑。

（？），形殘，不可識，今闕疑。

「日」下一字缺去，據文例知與章題首字同，今據補入「臧」。

（不），形殘，據殘形及文例知爲「不」字，今據補入。

（可），形殘，據殘形及文例知爲「可」字，今據補入。

（室），形與 （鑄客豆）、 （包山楚簡一二）同。築室，即建築房舍。《左傳・宣公十五年》：「築室反耕者，宋必聽命從之。」〔註203〕秋季不可爲室覆屋，《秦簡・日書》記之甚詳。〈日書・室忌〉八三一簡：「……秋三月甲乙、冬三月丙丁，勿以築室。以之，大主死；不死，瘁，弗居。」〔註204〕秋三月于五行屬金，而甲乙于五行屬木，金勝木，故秋季不可以木築室，……。〈日書・土忌〉八三四簡：「正月丑、……七月未、八月辰、九月丑、……毋可有爲，築室壞，樹木死。」〔註205〕

「不可以」之「以」殘缺，據文例補入。

「可」下一字缺去，據文例知爲「以」字，今據補入。

（？），形殘，不可識，今闕疑。

（師），形殘，猶隱約可見爲「𠂤（師）」字，今補入。

（脨、膌），《魏三體石經・僖二十八年》：「楚師敗績。」之「績」字，古文作「 」，〔註206〕按此古文當隸作「遬」，即今「迹」字。《說文》：「𨒪，步處也。从辵，亦聲。」〔註207〕段注：「迹，本作速，束聲，故音在十六部。」又《說文》接言云：「𨗔，籀文迹从束。」又《集韻》「迹」或作「𨒪」〔註208〕知「速」即「迹」字，石經古文假借「速」爲「績」。其古文「束」旁，與帛書「脨」之偏旁「束」正同，故帛書「脨」當隸作从肉从束之「脨」。又《包山楚簡》二六〇簡「策」

〔註203〕《左傳》，十三經注疏，藍燈出版社，頁408。

〔註204〕請參《雲夢睡虎地秦墓》，雲夢睡虎地秦墓編寫組，文物出版社，1981年9月第一版，文見圖版一二四，編號第八三一簡。

〔註205〕同註204，文見圖版一二四，編號第八三四。

〔註206〕參見，《魏三體石經集錄》，孫海波，藝文印書館，民國64年9月初版，所附石經拓本，頁31。

〔註207〕《說文解字》，許慎撰，段玉裁注，黎明文化事業股份有限公司，民國80年8月增訂八版，頁70。

〔註208〕《集韻》，中華書局，據棟亭五種本校刊，四部備要，請參入聲十，頁12。

作「築」，所从之束蓋與帛書[字]正同。據上所述知「[字]」爲「腺」無疑。腺字書未見，《說文》肉部：「[字]，瘦也。从肉脊聲。[字]，古文腺，从疒束，束亦聲。」〔註209〕段注：「腺亦作瘠。」又《集韻》：「腺，古作[字]。」〔註210〕脊，古爲清紐、錫部；束，古爲精紐、錫部，是知古文「束」通「脊」。是以帛書「腺」，即爲「腺」、亦「瘠」字，此訓作「儉省節約」。《禮記・樂記》：「使其曲直、繁瘠、廉肉節奏，足以感動人之善心而已矣。」〔註211〕

[字] 「復」，說見前，此作「復」。「腺不復」蓋即「不復腺」之倒言。

[字] （邦），形殘，據殘形知爲「邦」字，今據補入。

[字] （又、有），形殘，據殘形知爲「又」字，今據補入。

[字] （大），形殘，據殘形知爲「大」字，今據補入。

[字] （亂），形殘，據殘形知爲「亂」字，今據補入。

[字] （取），形殘，據殘形知爲「取」字，今據補入。

[字] （女），形殘，據殘形知爲「女」字，今據補入。

大意

　　秋八月臧……

　　曰：臧月，不可以建造房舍，不可以行戎旅事，若不恢復節省儉約，邦內將有大亂。此月娶婦，將有凶咎。

第九節　玄司秋

※玄司秋

　　曰：玄，可以[築]（築）[字]……可以，徙乃[字]（咎）……

[字] （玄），形與[字]（師奎父鼎）同。秋九月月名，《爾雅・釋天》：「九月爲玄。」〔註212〕《國語・越語》：「至於玄月，王召范蠡而問焉。」〔註213〕於玄

〔註209〕同註207，頁173。
〔註210〕同註208。
〔註211〕《禮記》，十三經注疏，藍燈出版社，頁700。
〔註212〕《爾雅義疏》，郝懿行，藝文印書館，民國76年10月第四版，頁761。
〔註213〕《國語》，上海涵芬樓借杭州葉氏藏明金李刊本景印，四部叢刊，頁150。

月下，韋昭注：「《爾雅》曰：『九月爲玄。』謂魯哀十六年九月也。」

可　（可）形殘，據形知爲「可」字，今據補入。

以　（以）形殘，據形知爲「以」字，今據補入。

築　（築），形殘，據殘形知爲「築」字，今據補入。

？　（？），形殘，不可識，今闕疑。其下殘，字數不詳。

？　（？），形殘，不可識，今闕疑。

？　（？），形殘，不可識，今闕疑。

徙　（徙），饒宗頤、曾憲通均隸作徙；〔註214〕李零則隸作樏，〔註215〕均無釋。帛書此字从尾从彳从止甚明，隸作「徙」。《包山楚簡》二六六簡有「椺」作「椺」，釋作「樏」，〔註216〕是以知「徙」當釋「徙」。作「遷移」解。《史記・秦始皇本紀》：「徙天下豪富於咸陽十二萬戶。」〔註217〕

咎　（咎？），「徙乃□」，依文意，竊疑所缺當補入「咎」字，亦即所缺當爲凶咎意，今視其形，似爲「咎」字之倒，疑爲裝裱時不察所致，是以今據補入。

大意

秋九月「玄」主掌管秋季

曰：玄月，可以建造□□（都邑或宮室）……於□□，遷移則有凶咎事。……

第十節　易□義

※易□義

曰：易，不可爨事，可以折，敘（捈）敔（拂）不義于四……

易　易，形殘，據文例補入。形與易（沈兒鐘）同。冬十月月名，《爾雅・

〔註214〕饒氏文參《楚帛書》，饒宗頤、曾憲通，香港：中華書局，1985年9月版，頁82；曾氏文參《長沙楚帛書文字編》，曾憲通，北京：中華書局，1993年2月第一版，頁68。

〔註215〕《長沙子彈庫戰國楚帛書研究》，李零，北京：中華書局，1985年7月第一版，頁78。

〔註216〕〈包山楚簡選釋〉，何琳儀，《江漢考古》1993年第四期，頁60。

〔註217〕《史記會注考證》，瀧川龜太郎，宏業書局，民國76年7月再版，頁112。

釋天》：「十月爲陽。」〔註218〕陽从昜得聲，古並爲余紐、陽部，二者音同可假借。其下一字缺，不可識，今闕疑。

𦏾 （義），形殘，稍可辨其字畫，饒宗頤隸作「羕」，未釋。今隸作「義」，〔註219〕說見下。

𠃊 （曰），形殘，據殘形及文例知爲「曰」字，今據補入。

「不」下缺一字，據文例知爲「可」字，今據補入。

𤈦 （燬），从毀从火。「毀」形與 𣪏 （鄂君啓車節）同，《說文》：「𣪏，缺也。从土，毇省聲。𣪏，古文毀从壬。」〔註220〕《說文》古文與帛書正同，唯帛書增益火旁。燬（毀）事，此作「毀折牲體之祭事」言。《周禮‧地官‧牧人》：「凡外祭，毀事用尨可也。」孫詒讓正義：「毀者，毀折牲體之言。……即《大戴禮‧曾子天圓篇》所云『割列襄瘞。』故並謂之毀事。……杜（按即杜預）以毀除殃咎爲釋，殊未當。」〔註221〕此說甚是，可爲帛書「燬事」之確解。

𠮩 （可），形殘，猶可識，今據補入。其下一字缺，據文例知爲「以」字，今補之。

𣂪 （折），形與 𣂆 （孟姜）近似。《說文》：「𣂆，斷也。从斤斷艸，譚長說，𣂆，籀文𣂆，从艸在仌中，仌寒故折。折，篆文𣂆，从手。」〔註222〕帛書正與《說文》籀文形同，爲「折」字無疑。此作「封土爲方壇」（見《正字通》），《漢書‧郊祀志下》：「瘞薶於太折，祭地也。」〔註223〕注：「折，曲也。言方澤之形，四曲折也。」〔註224〕

〔註218〕《爾雅義疏》，郝懿行，藝文印書館，民國76年10月第四版，頁761。

〔註219〕饒氏隸「羕」，《楚帛書》，饒宗頤、曾憲通，香港：中華書局，1985年9月版，頁82。今據字形似「義」，故隸作「義」。加以〈宜忌篇〉十二章之章題，常以該月最突出之事爲標目，且其大抵均取自該章之最後一義爲之。今此章最末爲「捹拸不義于四……」，知殘字爲義當無可疑。

〔註220〕《說文解字》，許慎撰，段玉裁注，黎明文化事業股份有限公司，民國80年8月增訂八版，頁698。

〔註221〕《周禮正義》，孫詒讓，中華書局據清光緒乙巳本校刊，四部備要，文見卷二十三，頁12。

〔註222〕同註220，頁45。

〔註223〕《漢書》（冊三），中華書局據武英殿本校刊，四部備要，頁8。

〔註224〕饒宗頤釋「折」爲「誓」，訓「告」（《楚帛書》，饒宗頤、曾憲通，香港：中華書局，1985年9月版，頁83）可備一說。按楚人信巫好鬼、重淫祀，祭壇之制不可或缺，早至商之殉人牲、晚至秦一統天下，其葬俗尚有殉人牲者。

（捈），帛書作敍即「敘」也，增益口旁，猶《包山楚簡》一四五簡背「余月」之「余」作「」同。古文从攴、从手通作，故「敘」即「捈」，作「清除」解。《法言・問神》：「捈中心之所欲，通諸人之嚍嚍者，莫如言。」〔註 225〕亦通「抒」，《左傳・文公六年》：「故欲立長君，有此四德者，難必抒矣。」〔註 226〕注：「抒，除也。」

（抾），从夻从攴。夻，實即「去」字，形與（哀成弔鼎）、（中山王鼎）同。筆意與敍同理，故隸作「抾」，《廣韻》：「抾，把也。」〔註 227〕此訓「擒拿」，《漢書・揚雄傳》：「據黿鼉，抾靈蠵。」〔註 228〕注：「抾，挹取也。」

（不），形殘，猶可識爲「不」字，今據補入。

（義），《說文》：「，己之威儀也，从我从羊。羛，墨翟書義从弗。」〔註 229〕曾憲通釋「義」，對帛書義下所从之「」言道：「……在曾侯乙戈銘文中『戟』字或寫作。與新鄭所出二年鄭令銅矛作者甚近，而帛文所从之則又是以上二種寫法的變體，即由訛變作，又省變爲。」〔註 230〕可備一家之說。按「我」，甲骨文作（粹八七八）；金文作（盂鼎）；《說文》古文作，皆象戟形。《說文》言「義」，解形爲从我从羊，甚確。今觀《包山楚簡》對「義」轉爲「」，其過程歷歷可尋，二四九簡作；二五〇簡作；四九簡作；十八簡作，〔註 231〕「我」之遞變方式爲而而而，由繁趨簡，帛書義作，蓋其時簡省風氣所致，致如墨翟書義爲羛，則又其訛變矣。

（四），形殘，猶可識。「四」下當有缺文，唯字數不詳。

「捈抾不義」，猶此篇姑月所言之「戮不義」，唯「捈抾」之意較輕耳。

春秋戰國時代雖已傾向改以木俑代人牲陪葬，然其意義猶在。

〔註 225〕《法言》，中華書局據江都秦氏本校刊，四部備要，頁 3。

〔註 226〕《左傳》，十三經注疏，藍燈出版社，頁 315。

〔註 227〕《廣韻》，黎明文化事業股份有限公司，民國 79 年 10 月十二版，頁 61。

〔註 228〕《漢書》（冊七），中華書局據武英殿本校刊，四部備要，頁 24。

〔註 229〕同註 220，頁 639。

〔註 230〕《長沙楚帛書文字編》，曾憲通，北京：中華書局，1993 年 2 月第一版，頁 86。

〔註 231〕請參《包山楚墓》湖北省荊沙鐵路考古隊，文物出版社，1991 年 10 月第一版，下冊所附圖版。

大意

　　冬十月「昜」適於捕除不義之人

　　曰：昜月，不可爲求驅除凶咎而毀折牲體祭祀，但可以封土爲方壇。逮捕粗虐無道之人於四方，……

第十一節　姑分長

※姑分長

曰：姑，利侵伐，可以攻城、可以聚衆、會者（諸）侯、型（刑）百事、戮不義⏗

姑　（姑），形與 （復公子簠）、（工瞰大子姑發劍）同。冬十一月月名，《爾雅·釋天》：「十一月爲辜。」〔註232〕姑、辜均從古得聲，古音同爲見紐、魚部。故姑、辜可假借。

分　（分），形與 （溓父甲觶）、（邾公牼鐘）、（包山楚簡四十七）同，此作「類」言，《史記·禮書》：「是儒墨之分。」〔註233〕

長　（長），形與 （信陽楚簡二－〇一九）、（包山楚簡五九）同。此作「特點」解，《孟子·公孫丑》：「敢問夫子惡乎長？」〔註234〕姑分長，蓋言姑月適宜施行各該類之要者。

利　（利），形與 （包山楚簡一二二）同。《說文》利之古文作「」，與帛書正同。《國語·魯語》：「唯子所利。」〔註235〕注：「猶便也。」

侵　（侵），形與 （包山楚簡二六九）同。从帚从戈，隸作戵，乃「侵」字，《說文》：「，漸進也。」〔註236〕此作「偷襲」解，《左傳·莊公十五年》：「鄭人間之而侵宋。」〔註237〕帛書从戈，以戎兵暗犯之意益明。

伐　（伐），形與 （虢季子白盤）、（南疆鉦）同。《說文》：「，擊

〔註232〕《爾雅義疏》，郝懿行，藝文印書館，民國76年10月第四版，頁761。
〔註233〕《史記會注考證》，瀧川龜太郎，宏業書局，民國76年7月再版，頁412。
〔註234〕《孟子》，十三經注疏，藍燈出版社，頁54。
〔註235〕《國語》，上海涵芬樓借杭州葉氏藏明金李刊本景印，四部叢刊，頁46。
〔註236〕《說文解字》，許慎撰，段玉裁注，黎明文化事業股份有限公司，民國80年8月增訂八版，頁378。
〔註237〕《左傳》，十三經注疏，藍燈出版社，頁156。

也。」〔註238〕《詩經・大雅・皇矣》:「是伐是肆。」〔註239〕侵伐,
作「興兵討罪」言,《左傳・莊公二十九年》:「夏,鄭人侵許。凡師有
鐘鼓曰伐,無曰侵。」〔註240〕《易經・謙卦》:「利用侵伐,征不服也。」
〔註241〕

攻　（攻）,形與 攻（攻敔王夫差劍）、攻（包山楚簡一一〇）同。《說文》:
「攻,擊也。」〔註242〕《左傳・僖公四年》:「以此攻城,何城不克?」
〔註243〕

城　（城）,形與 城（包山楚簡一五五）同。《說文》:「城,以盛民也。」
〔註244〕《禮記・禮運》:「城郭溝池以爲固。」〔註245〕攻城,《淮南子・
兵略篇》:「攻城略地,莫不降下。」〔註246〕

聚　（聚）,《說文》:「聚,會也。从𠈌取聲。」〔註247〕帛書正从取从𠈌。《禮
記・大學》:「財聚則民散,財散則民聚。」〔註248〕

眾　（眾）,形與 眾（師旂鼎）、眾（魏三體石經）同。《論語・衛靈公》:「眾
惡之,必察焉;眾好之,必察焉。」〔註249〕
聚眾,《莊子・盜跖》:「聚眾率兵,此下德也。」〔註250〕《孫子・軍
爭》:「合軍聚眾,交和而舍,莫難於軍爭。」〔註251〕

會　（會）,與 會（蔡子匜）形同。《說文》:「會,合也。」〔註252〕《鷹羌
鐘》:「先會于平陰。」〔註253〕

者　（者）,形與「欿出睹」之「者」旁作「者」稍異,《信陽楚簡》作「者」

〔註238〕同註236,頁385。
〔註239〕《詩經》,十三經注疏,藍燈出版社,頁574。
〔註240〕同註237,頁178。
〔註241〕《周易》,十三經注疏,藍燈出版社,頁48。
〔註242〕同註236,頁126。
〔註243〕同註237,頁203。
〔註244〕同註236,頁695。
〔註245〕《禮記》,十三經注疏,藍燈出版社,頁413。
〔註246〕《淮南子》,上海涵芬樓景印劉泖生景寫北宋本,四部叢刊,頁112。
〔註247〕同註236,頁391。
〔註248〕同註245,頁987。
〔註249〕《論語》,十三經注疏,藍燈出版社,頁140。
〔註250〕《南華真經》,上海涵芬樓明世德堂刊本,四部叢刊,頁209。
〔註251〕《孫子》,中華書局據平津館校刊,四部備要,參卷七,頁1。
〔註252〕同註236,頁225。
〔註253〕《金文總集》,嚴一萍,藝文印書館,民國72年12月初版,頁3978。

蓋形訛變。與「侯」連言，則「者」假借爲「諸」。者、諸古音同爲章
紐、魚部，二者音同可假借。

（侯），形與 （齊侯盤）、（包山楚簡五一）、（魏三體石經‧
僖二十八年）及 《說文》古文同。侯爲古五等爵之第二等，《孟子‧
萬章》：「公一位，侯一位。」〔註254〕諸侯爲君主封建時代，由天子分
封之各國國君。〔註255〕《易經‧比‧象》：「先王以建萬國，親諸侯。」
〔註256〕

（型、刑），古文字从刀从刃通作。如荊作 （過伯簋）、則作 （鄂
君啓舟節）、刺作 （中山王鼎）。帛書 與 （信陽楚簡）形同，
此與「刑」通。《胤嗣姧蚉壺》：「大壴（去）型（刑）罰。」〔註257〕
於此作「殺戮」解。《呂氏春秋‧順說》：「刑人之父子也。」引申爲「決
斷」之意。〔註258〕

「百」，形稍殘。形與 （〈四時篇〉四‧33）同，今據補入。
百事，猶言眾多之事務也。《禮記‧祭義》：「孝子將祭事，……以修宮
室，以治百事。」〔註259〕《史記‧淮陰侯傳》：「故知者決之斷也，……
決弗敢行者，百事之禍也。」〔註260〕

（戮），帛書从歺从翏。《說文》：「，列骨之殘也。……，古文歺。」
〔註261〕實歺即歹，翏即翏即戮。《說文》：「，殺也。从戈，翏聲。」
〔註262〕此作「陳尸示眾」解。《國語‧魯語》：「昔禹致群神於會稽之
山，防風氏後至，禹殺而戮之。」〔註263〕注：「陳尸爲戮也。」

大意

冬十一月「姑」適於施行各該類之要者

曰：姑月，在戎旅方面，利於興兵討罪；在攻城略地方面，可以攻擊敵

〔註254〕同註234，頁177。
〔註255〕諸侯依規定要服從王命、定期述職朝貢，同時有服役與出軍賦之義務。
〔註256〕同註241，頁37。
〔註257〕同註253，頁3246。
〔註258〕《呂氏春秋》，上海涵芬樓藏明宋邦義等刊本，四部叢刊，頁98。
〔註259〕同註245，頁826。
〔註260〕同註233，頁1045。
〔註261〕同註236，頁163。
〔註262〕同註236，頁637。
〔註263〕同註235，頁50。

人之城池；在民間方面，可以聚集大眾；在朝廷方面，可以會合各諸侯國國君；在決獄方面，可以決斷眾多之事務；在替天行道方面，可以誅殺粗虐殘暴之人，並以其尸示眾。

第十二節　𡈁司冬

※𡈁司冬

曰：𡈁，……敓（敍、捈），不可以攻……𡈁……

𡈁 （𡈁），冬十二月月名，即荼月，《周禮・䄍蔟氏》鄭注：「月謂從娵至荼。」〔註264〕帛書增益「土」旁。《爾雅・釋天》：「十二月爲涂。」〔註265〕義疏云：「馬瑞辰曰：『廣韻涂與除同音；除，謂歲將除也。』」荼、涂古音同爲定紐魚部，故涂、荼音同可假借。

司 （司），形殘，據殘形及文例知爲「司」字，今據補入。

冬 （冬），形殘，據殘形及文例知爲「冬」字，今據補入。

日 （日），形殘，據殘形及文例知爲「日」字，今據補入。「日」下一字殘缺，據文例知與章題首字同，今據補入「𡈁」。

敓 （敓），隸作敍，从攴从手通作，故「敍」即「捈」。《說文》：「捈，急持衣襘也。」〔註266〕段注：「此篆古假借作禽，俗作擒作捈。」

不 （不），形殘，猶可識。據殘形補入。

可 （可），形殘，猶可識。據殘形補入。

攻 （攻），形殘，猶可識。據殘形補入。

（？），形殘，不可識，今闕疑。

（？），形殘，不可識，今闕疑。

此章文字殘泐極甚，文意難悉全貌，依前文例僅略知一、二。

大意

冬十二月「𡈁」主掌管冬季曰：𡈁月，（不）可以……擒……，不可以攻……。

〔註264〕《周禮》，十三經注疏，藍燈出版社，頁 558。
〔註265〕《爾雅義疏》，郝懿行，藝文印書館，民國 76 年 10 月第四版，頁 761。
〔註266〕《說文解字》，許慎撰，段玉裁注，黎明文化事業股份有限公司，民國 80 年 8 月增訂八版，頁 206。

第八章　楚帛書圖像試析

　　楚帛書上之圖像，蓋可分為二組：其一為帛書圖幅四正邊，每正邊各有三奇詭神像，共十二神像。其二為位於圖幅四隅之青木、赤木、白木、黑木等四木。

　　十二神像之考索，因為神話傳說本基於口耳相傳，其形變動不居，加以上古各地所見之物不同，故各地塑造神像之組成份亦因之而異，是以造成異時異地而有不同之神像來，因此之故，楚帛書十二神像於學者努力下，所求得論證之結果仍不甚可觀。於四木之說解，眾說紛紜，大抵學者均點到為止，未就其言進一步尋求資料之依據。楚帛書圖像既然大別有此二部份，今試依此分類言之。

第一節　十二神像

　　帛書十二神像，學者或以之為「圖寫當時所崇祀之山川五帝，人鬼物魅之形。」〔註1〕或以之為十二月月神，並謂〈宜忌篇〉章題首字為十二月月神名，〔註2〕甚者更加細分，以四季之首月神像為主神，其下二神為從屬神，〔註3〕或以首神為主祀神，其下二神為祀神之牲獸，〔註4〕均可備一說。然學者多引緒

〔註1〕　《晚周繒書考證》，蔡季襄，民國三十三年石印本，藝文印書館於民國61年6月重印。文見〈繒書圖說〉頁12。

〔註2〕　〈補論戰國題銘的一些問題〉，李學勤，《文物》1960年第七期，頁67。

〔註3〕　〈戰國楚帛書述略〉，商承祚，《文物》1964年第九期，頁19。

〔註4〕　〈先秦兩漢帛書考（附長沙楚墓絹質采繪照片小記）〉，陳槃，中央研究院歷史語言研究所集刊，第二十四本，文見頁193。

未申，且無可靠之資料爲證。今因筆者能力有限，加以受材料所圍，是以存疑之。

　　帛書十二神像，可值一提者爲：四月一首二蛇交身神像爲肥遺；五月三首神像爲祝融。饒氏已有專文考證，〔註5〕論述甚爲精詳，實可從之。然細忖神話傳說人物形像之演變，因口耳相傳之故，與時俱異，實無時刻或歇，則所謂之肥遺、祝融仍不免存有些微可議之處，畢竟神話人物傳衍，其形或有相似者，有時同一形容之詞，便可圖繪無數之形狀，特別是對生活中所不常見之物爲然，猶如《韓非子・外儲說》所云：

　　客有爲齊王畫者，齊王問曰：「畫孰最難者？」曰：「犬馬難。」「孰
　　易者？」曰：「鬼魅最易。」夫犬馬，人所知也，旦暮罄于前，不可
　　類之，故難。鬼神，無形者，不罄于前，故易之也。〔註6〕

以鬼神無形，且未爲人見及，是以可憑想像作畫，故較犬馬之有實體，且常爲人所見爲易畫。基於此，則神話口耳相傳之際，其形或有小失，加以圖之於畫，各憑畫師之想像馳騁。因之原爲不同之神話，然所繪神像即有相似之可能。加以流傳古籍所載，往往甚爲簡短，述其形三言兩語便告結束，僅反映神像之一些重要特點。如《山海經・海外東經》云：

　　雨師妾在其北，其爲人黑，兩手各操一蛇：左耳有青蛇，右耳有赤
　　蛇，一曰在十日北，爲人黑身人面，各操一龜。〔註7〕

又同書〈海外西經〉云：

　　并封在巫咸東，其狀如彘，前後皆有首，黑。〔註8〕

其例甚多，此不贅。以此簡短之敘述，欲圖繪一具體可觀之形像來，其空間可謂無限廣闊，是以繪者所畫成之形狀常不相同。即如《山海經》之「雨師妾」，於袁珂書中所繪圖（圖一），即與《中國古代怪異圖》所繪圖（圖二）不同；〔註9〕「并封」，二者所繪圖亦不同（圖三：《山海經》，圖四：《中國古代怪異圖》。）然其特徵蓋亦可得而推。即如同一物，所述其形亦未見相同，

〔註5〕〈楚繒書之摹本及圖像——三首神、肥遺與印度古神話之比較〉，饒宗頤，《故宮季刊》第三卷第二期，頁1～26。

〔註6〕《韓非子》，上海涵芬樓藏黃蕘圃校宋本，四部叢刊子部，文見卷十一第三十二，頁57。

〔註7〕《山海經校注》，袁珂，上海古籍出版社，1980年7月第一版，頁263。

〔註8〕同註7，頁219。

〔註9〕《中國古代怪異圖》，楊化，天津楊柳畫社出版，1989年6月第一版，圖見頁124。

如《山海經》中之肥遺，《山海經‧北山經》云：

> 又北百八十里，曰渾夕之山，……有蛇一首兩身，名曰肥遺。〔註10〕

同書〈西山經〉云：

> 又西六十里，曰太華之山，……有蛇焉，名曰肥蟥，六足四翼。〔註11〕

又云：

> 又西七十里，曰英山，……有鳥焉，其狀如鶉，黃身而赤喙，其名
> 曰肥遺。〔註12〕

又因現今神話之傳本如《山海經》，並非完整全面地保留中國神話，而僅為零
散輯錄之作，加以神話人物傳衍，形俱小異，於各時代難以始終保持同一形
象，故帛書十二神像或可由《山海經》中找到相類似者，然實難憑此斷言即
書中某物。限於材料之故，筆者亦僅能借《山海經》或古籍所載，與十二神
像相較，找出其較相近之神名來，甚者再利用出土之鎮墓獸或彩繪比勘之，
餘其未能知之者，蓋付闕如。誠如饒氏所言，「最足資研究者為三頭人身神像，
及一首兩身之蛇，餘不可考，未敢妄說。」〔註13〕

　　神話傳說，本變動不居，神像之演變，因時因地而異，解釋圖形，實非
易事，故今僅臚列與十二神像切近之記載，而未敢妄加論斷。

一、一月神像

楚帛書一月神像

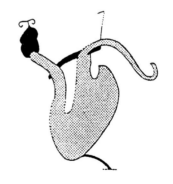

巴納德復原圖

〔註10〕同註7，頁78。
〔註11〕同註7，頁22。
〔註12〕同註7，頁24～25。
〔註13〕同註5，頁23。

一月：橢圓形首，上有二捲毛，闊眼。長頸、獸身。於裝裱時不察，未
　　　復其原貌，致使頸與身分離。首、足赤色，身尾青色。

二、二月神像

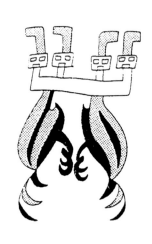

| 楚帛書二月神像 | 巴納德復原圖 |

二月：四白首皆方形，方眼。首上各有一青羽冠，左右相對。並頸。雙
　　　鳥身，青、赤相間。兩紅爪相對、內向。

人面（首）鳥身，見諸《山海經》者有：

南次三經之首，曰天虞之山。其下多水，不可以上，東五百里，……
有鳥焉，其狀如鷃而白首、三足、人面，其名曰瞿如，其鳴自號也。
（〈南次三經〉）〔註14〕

有鳥焉，其狀如梟，人面四目而有耳，其名曰顒。（〈南次三經〉）
〔註15〕

又西七十里，曰羭次之山，……有鳥焉，其狀如梟，人面而一足，
曰橐𩇯，冬見夏蟄，服之不畏雷。（〈西山經〉）〔註16〕

又西二百里，曰鹿台之山，……有鳥焉，其狀如雄雞而人面，名曰

〔註14〕同註7，頁15。
〔註15〕同註7，頁18。
〔註16〕同註7，頁26～27。

鳬徯。(〈西次二經〉) 〔註17〕

西南三百六十里，曰崦嵫之山，……有鳥焉，其狀如鴞而人面，蜼身犬尾，其名自號也，見則其邑大旱。(〈西次四經〉) 〔註18〕

鶱有鳥焉，其狀如鳥，人面，名曰鶹鶔。(〈北次二經〉) 〔註19〕

凡荊山之首，……其神狀皆鳥身而人面。(〈中次八經〉) 〔註20〕

畢方鳥在其東，青水西，其爲鳥，人面一腳。(〈海外南經〉) 〔註21〕

讙頭國在其南，其爲人，人面有翼，鳥喙，方捕魚。(〈海外南經〉) 〔註22〕

鶱鳥，人面，居山上。(〈海外西經〉) 〔註23〕

北方禺彊，人面鳥身珥兩青蛇，踐兩青蛇。(〈海外北經〉) 〔註24〕

東方勾芒，鳥身人面，乘兩龍。　〔一〕郭璞云：「木神也，方面素服。」(〈海外東經〉) 〔註25〕

東海之渚中，有神，人面鳥身，名曰禺䝞。……禺䝞處東海，是惟海神。(〈大荒東經〉) 〔註26〕

西海陼中，有神人面鳥身，珥兩青蛇，踐兩赤蛇，名曰弇茲。(〈大荒西經〉) 〔註27〕

有玄丹之山，有五色之鳥，人面有髮。(〈大荒西經〉) 〔註28〕

北海之渚中，有神，人面鳥身，珥兩青蛇，踐兩赤蛇，名曰禺彊。(〈大荒北經〉) 〔註29〕

〔註17〕同註7，頁35。
〔註18〕同註7，頁65。
〔註19〕同註7，頁82。
〔註20〕同註7，頁156。
〔註21〕同註7，頁188。
〔註22〕同註7，頁189。
〔註23〕同註7，頁217。
〔註24〕同註7，頁248。
〔註25〕同註7，頁265。
〔註26〕同註7，頁350。
〔註27〕同註7，頁401。
〔註28〕同註7，頁405。
〔註29〕同註7，頁425。

《抱朴子・對俗篇》云：

> 千歲之鳥，萬歲之禽，皆人面而鳥身，壽亦如其名。〔註30〕

《博物志・外國》云：

> 驩兜國，其民盡似仙人。帝堯司徒。驩兜民，常捕海島中，人面鳥口，去南國萬六千里，盡似仙人也。〔註31〕

又云：

> 孟舒國民，人首鳥身。其先主爲雪氏，訓百禽，夏后之世，始食卵，孟舒去之，鳳皇隨焉。〔註32〕

《太平御覽》卷十五〈天部一五・霧〉引《黃帝玄女戰法》云：

> 黃帝與蚩尤九戰，九不勝。黃帝歸於太山三日三夜，霧冥，有一婦人，人首鳥形，黃帝稽首再拜，伏不敢起，婦人曰：「吾玄女也。子欲何問。」黃帝曰：「小子欲萬戰萬勝。」遂得戰法焉。〔註33〕

《尚書大傳・洪範五行傳》云：

> 東方之極，自碣石東至日出榑木之野，帝太皥、神祝融司之。〔註34〕

以五帝、五神分居東、南、西、北、中等方位，又見於《呂氏春秋》十二紀、《禮記・月令篇》、《淮南子・時則篇》……等書。知神各有其固定之居所（另詳本章第二節）。

《墨子・明鬼篇》（下）云：

> 昔者鄭穆公常晝日中處乎廟，有神入門而左，鳥身素服三絕，面狀正方。鄭穆公見之，乃懼奔。（仁案：疑奪「神曰：『無懼。』四字」）帝享女明德，使子（案：疑「予」之誤。）錫女壽十年有九，使若國家蕃昌，子孫茂，毋失。鄭穆公再拜稽首曰：「敢問神（案：疑衍「名」字。）？」曰：「予爲勾芒。」〔註35〕

由上所引有關人面鳥身之記載，其名稱甚多。然考之《墨子・明鬼篇》所載

〔註30〕《抱朴子》，上海涵芬樓借江南圖書館藏明魯藩刊刊本景印，四部叢刊子部，文見內篇卷三，頁3，總頁第十三頁。
〔註31〕《博物志校證》，張華撰，范寧校證，明文書局，民國73年7月再版，頁21。
〔註32〕同註31，頁22。
〔註33〕《太平御覽》（一），李昉，國泰文化事業有限公司出版，民國69年正月初版，頁78。
〔註34〕《尚書大傳》，上海涵芬樓藏左海棠文集本，四部叢刊經部，頁45。
〔註35〕《墨子》，上海涵芬樓景印明嘉靖癸丑刊本，四部叢刊子部，文見卷八，頁3，總頁第67。

之「勾芒」，鳥身，其「面狀正方」，適與帛書之圖像相合。又據《尚書大傳・洪範五行傳》等書之記載，勾芒位居東方，此又與帛書人面鳥身之神像居東方相合。綜此，則帛書此神像或即「勾芒」。唯神話傳衍，其形像或有相似相近之處，故此處亦未敢斷言之。

三、三月神像

楚帛書三月神像　　　　　　　　　　巴納德復原圖

　　三月：方首方眼，首青眼白，首上方滿佈短毛。身體殘渺不清，似有手。

四、四月神像

楚帛書四月神像　　　　　　　　　　巴納德復原圖

　　四月：蛇形。一首二身，首作青色，二身作蜷曲狀，一赤色一棕色。口吐歧舌。

　　《山海經・北山經》云：

又北百八十里，曰渾夕之山，……有蛇一首兩身，名曰肥遺，見則其
國大旱。郭璞注云：「《管子》曰：『涸川之精，名曰蟡，一頭而兩身，
其狀如蛇，長八尺，以其名呼之，可使取魚龜。』亦此類。」〔註36〕

《廣韻‧六脂》「蠵」字云：

蟹蠵，神蛇，一首兩身，六足四翼，見則其國大旱。〔註37〕

於考古之出土物，與帛書四月神像相似者，有：

1

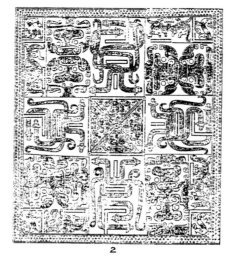

2

石板──河北中山王墓出土

〔註36〕同註7，頁78。

〔註37〕《宋本廣韻》，陳彭年，黎明文化事業股份有限公司，民國79年10月十二版，
頁55～56。

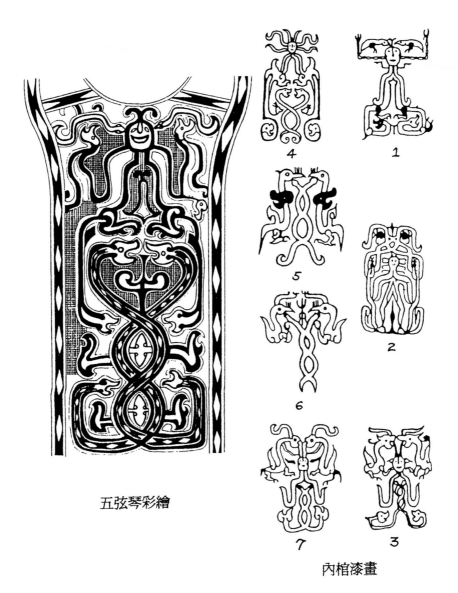

五弦琴彩繪

內棺漆畫

隨縣曾侯乙墓出土

畫像石

河南唐河縣出土

四川漢代畫像石　　　　　　　漢代畫像石

南陽畫像石　　　　　　　　　　　武梁祠石刻

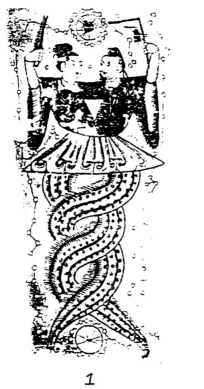

1　　　　　　　　　　　2

絹畫──新疆吐魯番出土

五、五月神像

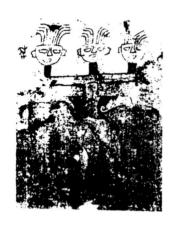

楚帛書五月神像　　　　　　　巴納德復原圖

五月：三赤首，首上各有相對毛髮四根。並頸。身作人立形，手足赤色。
　　手掌似剪，青色；腳掌似彎月，青色。

《山海經‧中次七經》云：

　　苦山、少室、太室皆冢也。其祠之：大牢之具，嬰以吉玉。其神狀
　　皆人面而三首。〔註38〕

同書〈海內西經〉云：

　　服常樹，其上有三頭人，伺琅玕樹。〔註39〕

《藝文類聚》卷九十〈鳳〉引《莊子》佚文云：

　　老子歎曰：「吾聞南方有鳥，其名爲鳳，所居積石千里。天爲生食，
　　其樹名瓊枝，高百仞，以璆琳琅玕爲實。天又爲生離珠，一人三頭，
　　遞臥遞起，以伺琅玕。鳳鳥之文，戴聖嬰仁，右智左賢。」〔註40〕

《淮南子‧地形篇》云：

　　凡海外三十六國，……自西南至東南方，結胸民、……三頭民。

　　〔註41〕

〔註38〕同註7，頁150。
〔註39〕同註7，頁302。
〔註40〕《藝文類聚》（四），歐陽詢，宋紹興丙寅年一一四六年（宋刻本），新興書局
　　　　有限公司，民國62年7月版，文見卷九十，頁2311。
〔註41〕《淮南子》，上海涵芬樓景印劉泖生影寫北宋本，四部叢刊子部，文散見卷第
　　　　四，頁7～8。總頁頁29～30。

六、六月神像

楚帛書六月神像　　　　　　　　　巴納德復原圖

六月：首似猿。面白，四周圍以紅色帶，露白齒，狀甚兇猛。作人立形，
　　　身色白，有尾青色。手似彎月，棕色，各執一物似蛇；足赤色，
　　　作魚尾開叉狀。

操蛇之神，見諸載籍者，其見於《山海經》有：

〈中次十二經〉云：

又東一百五十里，曰夫夫之山，……神于兒居之。其狀，人身而手
操兩蛇，常游于江淵，出入有光。〔註42〕

又云：

又東南一百二十里，洞庭之山，……是多怪神，狀如人而載蛇，左
右手操蛇。〔註43〕

〈海外西經〉云：

巫咸國在女丑北，右手操赤蛇，在登葆山，群巫所從上下也。〔註44〕

〈海外北經〉云：

博父國在聶耳東，其為人大，右手操青蛇，左手操黃蛇。〔註45〕

〈海外東經〉云：

雨師妾在其北，其為人黑，兩手各操一蛇。〔註46〕

〔註42〕同註7，頁176。
〔註43〕同註7，頁176。
〔註44〕同註7，頁219。
〔註45〕同註7，頁240。

〈大荒北經〉云：

> 大荒之中有山，名曰北極天櫃，……又有神銜蛇、操蛇，其狀虎首
> 人身，四蹄長肘，名曰彊良。〔註47〕

又云：

> 大荒之中，有山名曰成都載天。有人珥兩黃蛇，把兩黃蛇，名曰夸
> 父。〔註48〕

《列子‧湯問篇》記愚公移山云：

> 操蛇之神聞之，懼其不已也，告之于帝。〔註49〕

神像似猿之記載，見諸《山海經》者有：

〈西次二經〉云：

> 又西四百里，曰小次之山，……有獸焉，其狀如猿，而白首赤足，
> 名曰朱厭，見則大兵。〔註50〕

〈海內經〉云：

> 又有黑人，虎首鳥足，兩手持蛇，方啗之。〔註51〕

七、七月神像

楚帛書七月神像

巴納德復原圖

〔註46〕同註7，頁263。
〔註47〕同註7，頁426。
〔註48〕同註7，頁427。
〔註49〕《列子》，中華書局據明世德堂本校刊，四部備要子部，文見卷第五，頁9。
〔註50〕同註7，頁36。
〔註51〕同註7，頁455。

七月：人首，面白色，露齒，首上有二青長角。身作鳥獸形，赤棕相間。

一臂、有爪，身似有尾。

與七月神像相近之記載，見諸《山海經》者有：

〈西次四經〉云：

又西百二十里，曰剛山，……剛水出焉，北流注于渭。是多神槐，

其狀人面獸身，一足一手，其音如欽。〔註52〕

〈海外西經〉云：

一臂國在其北，一臂一目一鼻孔。有黃馬虎紋，一目而一手。〔註53〕

又云：

奇肱之國在其北，其人一臂三目，有陰有陽，乘文馬。〔註54〕

〈海外北經〉云：

柔利國在一目東，為人一手一足，反膝，曲足居上。一云留利之國，

人足反折。〔註55〕

〈大荒西經〉云：

有人名曰吳回，奇左，是無右臂。〔註56〕

八、八月神像

楚帛書八月神像

巴納德復原圖

〔註52〕同註7，頁61。

〔註53〕同註7，頁212。

〔註54〕同註7，頁212。

〔註55〕同註7，頁232。

〔註56〕同註7，頁412。

八月：一首三突角，口吐長舌，紅色。獸身青色，脊上有毛。足細長，
　　　棕色，呈跪姿。

　　於上文，筆者推論二月神像為「勾芒」（居正東）。五月神像，饒宗頤先
生業已推證為「祝融」（居正南），二者適與五方神之居位相合，則八月神像
（居正西）或即「蓐收」，今因缺乏證據支持，是以存疑。

　　吐舌之作，於出土古物甚多，表之如圖：

鎮墓獸

鎮墓獸

信陽楚墓出土

鎮墓獸
望山一號墓出土

銅鋪首──河北易縣出土

九、九月神像

楚帛書九月神像　　　　　　　　巴納德復原圖

九月：二蛇首青色，口吐歧舌，並頸。一身作座姿，赤、棕、白相間。
　　　手、足有爪上揚，青色。

連體雙頭蛇。楚人有見雙頭蛇即短命之迷信，孫叔敖埋蛇，即爲相當著
名之故事。《新書・春秋》云：

> 孫叔敖之爲嬰兒也，出遊而還，憂而不食。其母問其故，泣而對曰：
> 「今日吾見兩頭蛇，恐去死無日矣。」其母曰：「今蛇安在？」曰：
> 「吾聞見兩頭蛇者死。吾恐他人又見，吾已埋之也。」〔註57〕

兩頭蛇，見諸其它載籍者有：

《楚辭・天問》云：

> 中央共牧，后何怒？王逸注「言中央之洲，有歧首之蛇，爭共食牧草之實，
> 自相啄嚙。」洪興祖補注云：「《爾雅》曰：『中有枳首蛇焉。枳首，歧頭蛇也。』
> 《韓非子》曰：『蟲有虺者，一身兩口，爭食相齕，遂相殺也。』」〔註58〕

《山海經・海外西經》云：

> 并封在巫咸東，其狀如彘，前後皆有首，黑。　〔二〕郭璞云：「今弩弦
> 蛇亦此類也。」郝懿行云：「弩弦蛇即兩頭蛇也，見《爾雅・釋地》枳首蛇注。」〔註

〔註57〕 《新書》，上海涵芬樓借江南圖書館藏明正德長沙刊本景印，四部叢刊子部，
　　　　文見卷六，頁53。

〔註58〕 《楚辭》，上海涵芬樓借江南圖書館藏明繙宋本景印，四部叢刊集部，文見卷
　　　　三，頁33，總頁第63頁。

〔註59〕 同註7，頁220。

59〕

《博物志・異人》云：

> 蒙雙氏，昔高陽氏有同產而爲夫婦，帝放之此野，相抱而死，神鳥
> 以不死草覆之，七年男女皆活，同頸二頭，四手，是蒙雙民。〔註60〕

高陽即顓頊，於五方帝配屬北方。今視帛書神像之居位，九月雙頭並頸四手
足神像，正處於北方之西南位置，適與《淮南子・地形篇》所載相合，其云：
「有神人二人連臂，爲帝候夜，在其西南方。」〔註61〕故筆者疑九月神像或
即蒙雙民，因受材料所限，故未敢論斷。

十、十月神像

楚帛書十月神像

巴納德復原圖

> 十月：鳥首鹿身形。鳥首長喙，赤色，首上有二青長羽。鹿身，赤、棕
> 　　　相間。青尾，雙足似剪，前青後赤。

與十月神像相近之記載，見諸《山海經》者有：

〈西山經〉云：

> 華山之首，曰錢來之山，其上多松，其下多洗石。有獸焉，其狀如
> 羊而馬尾，名曰羬羊，其脂可以已臘。〔註62〕

〔註60〕同註31，頁23。
〔註61〕同註41，文見卷四，頁8，總頁第30頁。
〔註62〕同註7，頁21。

又西八十里，曰符禺之山，……符禺之水出焉，而北流注于渭。其
獸多蔥聾，其狀如羊而赤鬣。〔註63〕

西南三百八十里，曰皋塗之山，……有獸焉，其狀如鹿而白尾，馬
腳人手而四角，名曰㺄如。〔註64〕

〈西次三經〉云：

西南四百里，曰昆侖之山，……有獸焉，其狀如羊而四角，名曰土
螻，是食人。〔註65〕

〈北次三經〉云：

首曰太行山，……有獸焉，其狀如羚羊而四角，馬尾而有距，其名
曰䮝，善還，其名自訆。〔註66〕

又北三百里，曰泰戲之山。……有獸焉，其狀如羊，一角一目，目
在耳後，其名曰辣辣，其鳴自訆。〔註67〕

又北五百里，曰倫山。……有獸焉，其狀如麋，其川在尾上，其名
曰羆。〔註68〕

十月神像，與一九七二年雲南江川出土之銅立鹿甚爲相似，如圖：

〔註63〕同註7，頁23。
〔註64〕同註7，頁30。
〔註65〕同註7，頁47。
〔註66〕同註7，頁85。
〔註67〕同註7，頁95。
〔註68〕同註7，頁97。

雲南江川出土

十一、十一月神

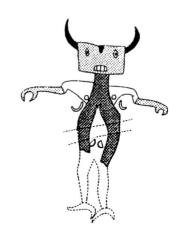

楚帛書十一月神像　　　　　　　巴納德復原圖

十一月：首似牛首，方形。面青色，露白齒，牛角赤色，狀甚兇猛。作
　　　　人身正立形，與五月三首神像身形相似。身色棕、白相間，下
　　　　半已殘去。手作青色，似剪。

　　就上述二月、五月、八月等三神像，疑爲五方神，則十一月神像（居正
北）或即五方神中之北方神「玄冥」。因缺乏實證，故存疑之。

十二、十二月神像

楚帛書十二月神像　　　　　　巴納德復原圖

十二月：人身正立形。人首，面白色，四周圍以赤色帶，口吐赤色長歧
　　　　舌，獸耳青色。身作人立形，棕、青相間。手足與五月神像相
　　　　似，手作白色，足赤色。

歧蛇，見諸載籍者有：

《山海經·海外南經》云：

　　不死民在其東，其為人黑，壽，不死。一曰在穿胸國東。歧舌國在
　　其東。一曰在不死民東。〔註69〕

與十二月神像相近之出土古物，如圖：

彩繪獸（信陽楚墓出土）

　　帛書十二神像，各作奇形怪異狀，分配於各月。各神像配置之方向，均
首朝帛內、足朝帛外，唯居十月之神像，整個右轉九十度，與其它神像相異。
此十二神像，與戰國古墓所出鎮墓獸或有相似者，於載籍則與《山海經》所
述為近。其畫法，蓋先勾描輪廓，再行施塡上色（有赤、棕、青三色）。

　　綜觀帛書十二神，作人身形者，其手皆外張，手指作剪刀形，與出土楚
漆畫之人物同（圖五）。餘者，其形蓋皆為多種動物之結合，此或「互滲」觀
念下之產物（詳第九章第三節）。因神話人物傳衍本變動不居，其形又因時地
而有所增減，然其特殊點，如吐舌、操蛇、三首、牛面、人面鳥身、……等
等，則大體不變，今受材料所囿，加以神像變異性大，難以遽斷其為何物，
故筆者僅臚列相關資料，以俟後之方家及日後考古新材料之發現。

　　值得一提者，於帛書十二神像中，吐舌、操蛇之形甚多，觀之出土戰國

楚物之鎮墓獸，如河南信陽長台關者，亦作吐舌狀。舌、蛇二者外形頗近，此或與楚人居地爲湖澤沼泊，常見蛇之出入有關，唯其用意，因受材料限制，仍待進一步之研究。

圖一　雨師妾（《山海經》）　　圖二　雨師妾（《中國古代怪異圖》）

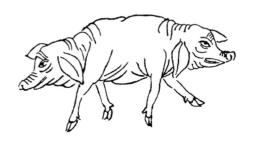

圖三　并封（《山海經》）　　圖四　并封（《中國古代怪異圖》）

圖五　楚瑟漆畫──信陽楚墓出土

第二節　四　木

　　帛書〈四時篇〉書有青木、赤木、黃木、白木、墨木等五木，於帛書四隅分繪之，唯缺黃木。陳槃先生引述董作賓先生之言，謂帛書「蓋本有五木，東青，南赤，中黃，西白，北黑。今止有四木，則中央黃木，既漫滅不見矣。」〔註70〕今細審帛書紅外線照片影本，實無黃木之跡，陳氏所謂黃木漫滅，蓋受〈四時篇〉所述五木及粗略之摹本所誤。饒宗頤先生亦曾懷疑帛書中間有黃木，因漫滅而不可見。〔註71〕

　　帛書四木，青、赤、白、黑，分繪於一月與十二月之交（東北隅）、三月與四月之交（東南隅）、六月與七月之交（西南隅）、九月與十一月之交（西北隅），正處帛書四正角。其作用，歷來學者所述不一，今依論文發表先後，臚列如下：

一、蔡季襄《晚周繒書考證‧繒書圖說》

　　四隅則按四方之色，繪有青赤白黑四色樹木，惟西方白木，在白繒上，無法顯出，故以雙法代之。此項樹木之意義，蓋藉以指示所祀神物之居句方位，祭祀時，使各有所憑依也。〔註72〕

二、陳槃〈先秦兩漢帛書考（附長沙楚墓絹質采繪照片小記）〉後記

　　圖幅四正，東南西北四木，據理則應安置四邊正方之處，今乃置之角間，則非東南西北之謂矣，此其義未聞。〔註73〕

三、饒宗頤〈長沙楚墓時占神物圖卷考釋〉

　　此五色木，古謂之五木。《藝文類聚‧火部》引《尸子》：「燧人上觀星辰，下觀五木以爲火。」五木之意，不易明瞭，今得此楚絹可得

〔註70〕〈先秦兩漢帛書考（附長沙楚墓絹質采繪照片小記）〉，陳槃，中央研究院歷史語言研究所集刊，第二十四本，文見後記，頁196。

〔註71〕〈長沙楚墓時占神物圖卷考釋〉，饒宗頤，香港大學《東方文化》第一卷第一期，1954年1月，頁80。

〔註72〕《晚周繒書考證》，蔡季襄，民國三十三年石印本，藝文印書館於民國61年6月影印石印本，爲今行世之本，文見〈繒書圖說〉頁11〜12。

〔註73〕同註70。

達詁。《周禮‧司爟》：「掌行火之政令，四時變國火以救時疾。」鄭司農云：「鄹子曰：『春取榆柳之火，夏取棗杏之火，季夏取桑柘之火，秋取柞楢之火，冬取槐檀之火。』」《論語》集解引馬融曰：「《周書‧月令》有改火之文，春取榆柳之火，夏取棗杏之火，季夏取桑柘之火，秋取柞楢之火，冬取槐檀之火；一年之中，鑽火各異木，故曰改火也。」……觀五木以爲火，是圖四隅所繪樹木，當指四時之木。〔註74〕

又云：

至圖中四隅所繪樹木，當指四時行火所用之木，……而此四木繪於四隅者，疑配合天文上之四維觀念。〔註75〕

四、安志敏、陳公柔〈長沙戰國繒書及其有關問題〉

繒書四角著樹木，每一邊繪著三個詭怪的圖像，四邊應爲十二個。四角的樹木，分青、赤、白、黑四色，以象徵四方、四時。這種以顏色代表東南西北、春夏秋冬的思想，實際上已具有早期的五行思想。〔註76〕

五、郭沫若〈古代文字之辨證的發展〉

在帛幅的四角上畫了一些藻形的植物，看來是爲了補白之用的。〔註77〕

六、李零《長沙子彈庫戰國楚帛書研究》

這四木的作用與古代出土占盤上面的四維相同（四獸鏡當中的四瓣花也是起同一作用）。馬王堆帛書《十六經‧果童》：「夫天有榦，地有恆常」、《行守》：「天有恆榦，地有恆常」，四木也就是四天榦。〔註78〕

〔註74〕 同註71，頁71～72。

〔註75〕 同註71。

〔註76〕 〈長沙戰國繒書及其有關問題〉，安志敏、陳公柔，《文物》1963年第九期，頁56。以四隅之四木表示四季又見〈神話的世界〉，吉田光邦，《古代中國》世界文明史、世界風物誌聯合編輯小組，地球出版社，民國67年11月三十日出版，頁97。〈戰國楚帛書考〉，陳夢家，《考古學報》1984年第二期，頁138。

〔註77〕 〈古代文字之辨證的發展〉，郭沫若，《考古學報》1972年第一期，頁7。

〔註78〕 《長沙子彈庫戰國楚帛書研究》，李零，北京：中華書局，1985年7月第一版。頁70。又見〈"式"與中國古代的宇宙模式〉，李零，《中國文化》1991年8

七、張光直〈說殷代的「亞形」〉

　　繒書所代表的宇宙世界與宗廟明堂所象徵的宇宙世界可能是一回事。

　　繒書四角的四木便是古代宗廟明堂建築角隅所種植的四木。〔註79〕

　　四木之說，概括言之有上七種說法。以其切入角度不同之故，是以有此異說，然各家所述，均可備一家之言。

　　帛書四隅四木，分繪以青、赤、白、黑四種顏色，正處丑寅（東北）、辰巳（東南）、未申（西南）、戌亥（西北）之交（四維），顯與五行按顏色之分佈居位有關（〈四時篇〉言五木之精，配以青、赤、黃、白、黑等五種顏色是其證），唯帛書不繪中央黃木，蓋透顯出其時之五行思想，已有中央「黃」居四維之觀念。四維，《淮南子·天文篇》云：

　　　　故曰子午卯酉爲二繩，丑寅辰巳未申戌亥爲四鉤，東北爲報德之維，

　　　　西南爲背陽之維，東南爲常羊之維，西北爲蹄通之維。〔註80〕

不見對中央之敘述。於秦簡〈日書〉中已有中央分居四維之觀念：

正月壬臽	二月癸臽	三月戊臽
四月甲臽	五月乙臽	六月戊臽
七月丙臽	八月丁臽	九月己臽
十月庚臽	十一月辛臽	十二月己臽〔註81〕

以戊己分居三、六、九、十二各月。《呂氏春秋》十二紀云，春季「其日甲乙」、夏季「其日丙丁」、秋季「其日庚辛」、冬季「其日壬癸」，又于季夏云「中央土，其日戊己。」〔註82〕觀之秦簡〈日書〉，戊己分配於三月、六月、九月、十二月，於方位正當四維，是知已有將中央土分居四維之意。故《翼玄》卷五云：

　　　　中方濕生土，中無定位，寄在四維。故辰戌丑未爲土，夫十干圓布

　　　　者，……惟土制中，分寓四旁，以圓其布。〔註83〕

　　　　月第四期，頁11。

〔註79〕〈說殷代的「亞形」〉，張光直，《考古與歷史文化（慶祝高去尋先生八十大壽論文集（上）》，正中書局，民國80年6月台初版，頁303。

〔註80〕《淮南子》，上海涵芬樓景印劉泖生影寫北宋本，四部叢刊子部，文見卷第三，散見頁5～10。總頁第頁20～22。

〔註81〕《雲夢睡虎地秦墓》，雲夢睡虎地秦墓編寫組，文物出版社，1981年9月第一版，文見圖版一二七，散見第八六五簡至八六八簡，又見於圖版一五一至圖版一五二，散見第九八三簡至九九四簡。

〔註82〕《呂氏春秋》，涵芬樓藏明宋邦義等刊本，散見頁5～67。

〔註83〕《翼玄》，張行成，新文豐出版社，民國76年6月台一版，頁105。

今楚帛書〈四時篇〉書有配以顏之青、赤、黃、白、黑等五木，而於圖幅四隅僅繪青、赤、白、黑四木，缺中央黃木，蓋亦因中無定位，而寄在四維矣！帛書雖未繪中央黃木，則黃木實已存在，唯寄四維耳。

　　由是知，帛書四隅之四木實具有四維之作用。再考之帛書圖繪四木，其根大抵朝向所居之方位，如青木之根朝向東，赤木之根朝向南，白木之根朝向西，黑木之根朝向北。示此四木亦有標示方位之作用，加以分繪以青、赤、白、黑，正爲以顏色表方位之作用，即以青指東方，赤指南方，白指西方，黑指北方。如《儀禮·覲禮》云：

> 諸侯覲于天子，爲宮方三百步，四門，壇十有二尋，深四尺，加方明于其上，方明者木也，方四尺，設六色，東方青、南方赤、西方白、北方黑、上玄下黃。〔註84〕

《周禮·春官·大宗伯》云：

> 以蒼璧禮天，以黃琮禮地，以青圭禮東方，以赤璋禮南方，以白琥禮西方，以玄璜禮北方。〔註85〕

《周禮·冬官·畫繢》云：

> 畫繢之事，雜五色。東方謂之青，南方謂之赤，西方謂之白，北方謂之黑。天謂之玄，地謂之黃。〔註86〕

《墨子·貴義篇》云：

> 且帝以甲乙殺青龍於東方，以丙丁殺赤龍於南方，以庚辛殺白龍於西方，以壬癸殺黑龍於北方。〔註87〕

諸如此類之例尚多，此不贅舉。要之均以顏色配方位，且某方配某色各有其定制。十二神像爲時人所崇敬之四方神祇，四木之作，蓋爲使知其居位，神之居所，各有其位，如《尚書大傳·洪範五行傳》云：

> 東方之極，自碣石東至日出榑木之野，帝太皥神勾芒司之。……自北戶南至炎風之野，帝炎帝神祝融司之。……中央之極，自昆侖中至大室之野，帝黃帝神后土司之。……西方之極，自流沙西至三危之野，帝少皥神蓐收司之。……北方之極，自丁令北至積雪之野，

〔註84〕　《儀禮》，十三經注疏，藍燈出版社，頁328～329。

〔註85〕　《周禮》，十三經注疏，藍燈出版社，頁281。

〔註86〕　同註85，頁622。

〔註87〕　《墨子》，上海涵芬樓景印明嘉靖癸丑刊本，四部叢刊子部，文見卷十二，頁6～7，總頁第110。

帝顓頊神玄冥司之。〔註88〕

又《禮記‧月令篇》云：春季：「其帝大皞，其神勾芒。」夏季：「其帝炎帝，其神祝融。」秋季：「其帝少皞，其神蓐收。」冬季：「其帝顓頊，其神玄冥。」〔註89〕以四帝四神分居春（東）、夏（南）、秋（西）、冬（北）。

〈尹耆氏蜡辭〉云：

　　土反其宅，水歸其壑，昆蟲毋作，草木歸其澤。〔註90〕

相傳伊耆氏爲古帝，此爲其祭祀之辭。上古之人視自然之山川萬物均有其主神，此於帛書〈天象篇〉中即可證知。此蜡辭爲希冀土、水、草木能歸其所居，各盡其職，爲神各有其居所之明證。是以《易經‧未濟‧象》云：

　　辨物居方。疏：「各居其方，使皆得安其所。」〔註91〕

故知四木之作，亦有標明十二神祇居位之作用，使於祭祀時，有所憑依而不致紊亂。〈天象篇〉云：「祭祀則返，民少又（有）□（憂？）。」是其明證。

　　又青木之根指向東方，引領一至三月而止於秉司春，表春季；赤木之根指向南方，引領四至五月而止於𤾁司夏，表夏季；白木之根指向西方，引領七至九月而止於玄司秋，表秋季；黑木之根指向北方，引領十至十二月而止於荼司冬，表冬季。《爾雅‧釋天》云：

　　春爲青陽，夏爲朱明，秋爲白藏，冬爲玄英。〔註92〕

爲以四色配四時，適與帛書正同，知帛書四木亦有標示四時之作用。

　　由上所述，知帛書圖繪於四隅之四木，實有表明方位、四時及四維之作用。陳槃先生以四木未安置圖幅四正邊，而謂非爲東南西北之謂，本文業可證其非；饒宗頤先生以四木爲四時改火之木，今觀帛書之內容，若釋此四木爲改火之木，則意有未暢。誠如李學勤先生所言「至於和文獻中五木改火之說是否有關，還值得考慮。」〔註93〕至如郭沫若先生言四木乃爲補白而作，其說之非，又不待言矣！

〔註88〕　《尚書大傳》，上海涵芬樓藏左海文集本，四部叢刊經部，文散見，頁45～46。
〔註89〕　《禮記》，十三經注疏，藍燈出版社，散見頁278～349。
〔註90〕　《古詩源箋註》，長洲沈德潛碻士選、吳興王莼父箋註，華正書局，民國79年9月初版，文見卷一頁1，總頁第29頁。
〔註91〕　《周易》，十三經注疏，藍燈出版社，頁137。
〔註92〕　《爾雅義疏》，郝懿行，藝文印書館，民國76年10月四版，頁746。
〔註93〕　〈再論帛書十二神〉，李學勤，《簡帛佚籍與學術史》，時報文化出版，1994年12月20日，頁64。

第九章　楚帛書之性質及其墓主身份

第一節　楚帛書之性質——前賢眼中之楚帛書

一份出土文書之重現，必然引起學術界莫大之關注，除其文字之釋讀外，最值得探討的，蓋即其內含性質為何。楚帛書之出土，眾論紛紜，論題甚為繁雜，前面幾章已論述之。本章所論之性質，迄今亦無定說。前輩學者所云，或提而未論；或申述其為某某之理，而囿於一偏。今依其論文發表先後，蓋可歸為如下諸說：

一、告神之繒

蔡季襄之《晚周繒書考證》為有關楚帛書最早之研究論著，其據帛書文義推測楚帛書為「祠神之文告」，其云：

> 書之四週，繪有類似山海經中之奇禽異獸及譎詭人物，并傳有青紅
> 等色彩。每一圖象之側，均書有神名及註釋，但此項繒書，文理玄
> 奧，篆法奇古。（按漢書楊雄傳，劉棻嘗從雄學奇字，注，師古曰，
> 古文之異者，云云。）且模糊剝蝕之處甚多，以致文理不完，無法
> 釋讀，殊為憾事。惟書中有乃命山川四胄，是邦四時，青木赤木黃
> 木白木墨木之精，及群神五正，群神乃嘗（參看繒書釋文。）等文。
> 今據是項文義，加以推測，似為古代祠神之文告。〔註1〕

〔註 1〕《晚周繒書考證》，蔡季襄，民國三十三年石印本。民國 61 年 6 月，藝文印
書館重印。文見〈繒書考證〉頁 1。

蔡氏此說僅爲擬測之詞，其下接言之：

> 按許愼《説文解字》第十三篇繒下注云：「繒，帛也。從絲，曾聲。
> 𥿋，籀文繒，從宰省，楊雄以爲漢律祠宗廟丹書告也。」段注云：
> 「綷爲祠宗廟丹書告神之帛，見於漢律者如此，作楊雄言之，雄
> 〈甘泉賦〉曰：「上天之綷，蓋即謂郊祀丹書告神者。」云云。根
> 據上項記載，則此書爲當時告神之繒，殆無疑義。至於漢代亦用
> 繒書告神者，因漢去周未遠，當時一切風俗禮教，猶沿周制故也。
> 〔註2〕

蔡氏以漢代「告神以繒」之風俗例之，定楚帛書爲當時「告神之繒」，並據〈四時篇〉之一段文字，據以擬推帛書爲古代「祠神之文告」。陳槃先生云：

> 畫與文多漫滅，文脱尤甚，頗不易屬讀。較略言之，文紀祀神，四
> 正邊所畫者，蓋即其所祀神及祀神之牲獸。正文左一章言『灾』……，
> 則紀自天降祥也。唯天神能禍福人，是以有祀。〔註3〕

是知陳氏亦宗蔡氏之說，以楚帛書爲祀神之文告。馬國權先生言楚帛書爲「用於神祈的東西」〔註4〕亦從蔡說以楚帛書爲祀神之物。

二、時占之用

　　饒宗頤先生於一九五四年發表〈長沙楚墓時占神物圖卷考釋〉一文，由其題目，即可窺知其對帛書性質之看法。其文云：

> 圖中文字記四時，五正及月令出行宜忌，殆爲楚巫占驗時月之用：
> 而施之墓葬，以鎭壓邪魅。〔註5〕

饒氏以帛書爲楚巫占驗時月之用。其後於《楚帛書》中，又目楚帛書爲「楚國天官書之佚篇」，〔註6〕說詳後。商承祚先生云：「帛書爲占卜式宗教迷信的東西」。〔註7〕是知此二者皆視楚帛書爲時占類之文書。

〔註2〕 同註1，頁1～2。

〔註3〕 〈先秦兩漢帛書考（附長沙楚墓絹質采繪照片小記）〉，陳槃，《中央研究院歷史語言研究所集刊》第二十四本，民國42年6月，文見頁193。

〔註4〕 文見〈戰國楚竹簡文字略説〉，馬國權，《古文字研究》第三輯，北京：中華書局，1980年11月第一版，頁157。

〔註5〕 〈長沙楚墓時占神物圖卷考釋〉，饒宗頤，《東方文化》一卷一期，香港中文大學，1954年1月，頁69。

〔註6〕 《楚帛書》，饒宗頤，曾憲通，香港：中華書局，1985年9月版，頁140。

〔註7〕 〈戰國楚帛書述略〉，商承祚，《文物》1964年第九期，頁8。

三、巫術性之物

此說由郭沫若先生提出，〔註8〕其後安志敏、陳公柔亦主此說，其云：

> 繒書出自墓葬，認爲是用來保護死者的巫術性的東西，可能性則是
> 比較大的。……繒書上寫下了這樣的内容，當是爲了呵護死者靈魂，
> 借以辟除不祥。繒書中有“有咎”、“尚恒”等辭，很類似卜筮之
> 辭；繒書周邊圖像旁側題字，如“不可以享祀”“不可以”等等，
> 也都是爲了示死者以趨避之途的。〔註9〕

日人林巳奈夫先生以楚帛書〈宜忌篇〉之月名，爲起源於楚國之巫名，而每
一巫名又代表其時某一巫師族群，依林巳奈夫之意，是知亦可將帛書之性質
歸之於巫術性一類。〔註10〕何琳儀先生以「帛書内容涉及災異的趨避，祭祀
的禁忌及曆法歲時的重要」等等，認爲楚帛書「應是保護死者巫術性的隨葬
品」。〔註11〕

四、月曆（曆書）說

楊寬〈月令的五行相生說〉云：

> 一九四二年長沙戰國時代楚墓中出土一張帛書（現藏美國耶魯大學
> 圖書館），略近長方形，四方配以春（右）、夏（下）、秋（左）、冬
> （上）四季，每季三個月，每月的月名與《爾雅・釋天》基本相同。……
> 每月還記載有適宜的政事，例如十一月說：“日姑，利侵伐，可以
> 攻城，可以聚眾，會諸侯，刑首事，戮不義。”可知此是一種簡單
> 的月曆，是主張按照“天人感應”的學說來行事的。這和《禮記・
> 月令篇》的性質基本是相同的。〔註12〕

楊氏以十二月名及每月所記，而定楚帛書爲一月曆。於《中國古文明大圖集》

〔註8〕 〈晚周帛畫的考察〉，郭沫若，《文史論叢》頁 297。

〔註9〕 〈長沙戰國繒書及其有關問題〉，安志敏、陳公柔，《文物》1963 年第九期，
頁 58。

〔註10〕 林巳奈夫將《山海經》中之巫師名與楚帛書、《爾雅》等 12 月名列表對照，
唯僅得五組相通者。文參〈中國古代的神巫〉，林巳奈夫，《東方學報》（京都）
第三十八冊，京都大學人文科學研究所，昭和四十二年三月（1967 年），頁
204。

〔註11〕 《戰國文字通論》，何琳儀，北京：中華書局，1989 年 4 月第一版，文參第三
章第五節，（八）縑帛文字，頁 146。

〔註12〕 文見《戰國史》第十一章第六節，楊寬，1980 年 7 月，頁 471。

第二部神農，將楚帛書列於「古老的物候曆」項下，其云：「學者認爲，四周十二神是十二個月，文字則記述著十二個月的宜忌，顯然具有古代曆書的功用。」〔註13〕視帛書爲月曆（曆書），當著眼於〈宜忌篇〉爲言。視楚帛書爲曆書者，尚有李棪先生，其在所作帛書摹本上，題名爲「寫在帛書上的楚曆書」，由是即知其對帛書之看法。〔註14〕

五、月令說

　　將楚帛書視爲月令性質之物者，始於嚴一萍，〔註15〕嚴氏以帛書與傳世載籍之月令相較，斷言楚帛書爲另一系統之作，並推測其可能爲楚國月令之一部份。其云：

> 丙篇所記爲十二個月的行事，就其內容看，以『戎』與『祀』爲主，所謂『國之大事』。這與《呂覽・十二月紀》、《淮南・時則》及《禮記・月令》等篇，所記內容之廣泛，有很大的不同。而且行事之可不可，也有相反的規定。我現在把《呂覽》、《淮南》及《月令》所記與繒書相類似之事列表作一比較，即可看出繒書紀事乃爲另一系統。或者即是當時楚國月令的一部份，亦未可知。〔註16〕

視帛書爲月令性質者，又見於陳夢家〈戰國楚帛書考〉，〔註17〕此篇作於一九六二年，爲陳氏未完成之遺作，可謂專門探討帛書性質之著作。陳氏以楚帛書與紀元前四百年間之月令、時令，包括先秦之《管子・幼官篇》、《周書・月令篇》、《王居明堂禮》；秦之《呂氏春秋》十二紀；西漢之《淮南子・時則篇》、《禮記・月令篇》，西漢以後明黃佐所引之《洪範五行傳》與《管子・幼

〔註13〕《中華古文明大圖集》第二部，神農，宜新文化事業有限公司、樂天文化（香港）公司聯合出版社，文見〈古老的物候曆〉，頁33。

〔註14〕李棪文未見，參考自〈楚帛書研究述要〉，曾憲通，《楚地出土文獻三種研究》，饒宗頤、曾憲通，北京：中華書局，1993年8月第一版，頁392。

〔註15〕按理言，月令說應始於陳夢家。陳夢家發表於《考古學報》1984年第二期之〈戰國楚帛書考〉爲其1962年之遺作，其文主張帛書爲戰國時期之楚月令，唯迄1984年，始由王世民先生謄寫核校後發表。嚴一萍之〈楚繒書新考〉（下）於民國57年6月發表，其作雖晚於陳氏，然較陳文爲早發表，今以發表論文之先後爲次，是以列月令之說始於嚴氏而不言陳氏，此即其理。

〔註16〕〈楚繒書新考〉（下），嚴一萍，《中國文字》第二十八冊，民國57年6月出版，頁7。

〔註17〕〈戰國楚帛書考〉，陳夢家，《考古學報》1984年第二期，頁137～157。

官篇》等加以考察，並就帛書四周十二章之方位排列與其內容言之，視爲「應是較早形式的月令」。〔註18〕並以長沙於先秦爲楚邦之地。及「帛書甲篇曰"××其邦"，丙篇曰"毋爲邦芜"，"其訓于邦"，"可以聚會諸侯"」而推定帛書爲不同于《十二紀》、《月令》之作爲天子之時憲，而爲「諸侯王的時憲」。〔註19〕是知陳氏視楚帛書爲較早形式之月令，其適用者亦僅限於諸侯王。

　　曹錦炎〈楚帛書《月令》篇考釋〉，更以「月令」直標〈宜忌篇〉，由篇名即知其對帛書性質之看法，其內文並依據帛書四周（〈宜忌篇〉）之內容，而認爲楚帛書「可稱之爲《月令》」。〔註20〕

六、曆忌書中之「月諱之書」

　　此說源自李零，其將楚帛書與古代文獻，如《管子・玄宮》、《玄宮圖》（并可參看同書《四時》、《五行》、《版法解》等篇）、《呂氏春秋》十二紀每紀之首章、《禮記・月令》、《逸周書・月令》、《大戴禮・夏小正》等相較，並言帛書在大的範圍上與上述幾部書是相同的，從而藉此爲判明帛書性質之重要依據。〔註21〕李氏言楚帛書與上述諸書於大範圍上是相同的，並進一步復原和說明《管子・玄宮圖》以弄清楚帛書與「玄宮」、「明堂月令」之關係，並言「它們在大類上是屬於性質相近的東西」，〔註22〕但還是有些區別，李氏即根據其間之區別，而得出楚帛書爲曆忌書中之「月諱之書」。其云：

　　第一，帛書與『玄宮圖』不同，二者置圖方向正好相反；

　　第二，帛書也還不是『明堂圖』，因爲它不僅沒四宮，而且也沒有與四宮相配的太室；

　　第三，帛書與『月令』性質相近，但形式較《月令》諸書更爲原始，沒有復雜的五行系統；內容也比較單一，沒有《月令》諸書那種說禮色彩，只講各月禁忌。因此，我認爲其性質當與古代的曆忌之書相近，《月令》諸書應該就是從這種東西發展而來。

〔註18〕　同註17，頁140。
〔註19〕　同註17，頁153。
〔註20〕　〈楚帛書《月令》篇考釋〉，曹錦炎，《江漢考古》1985年第一期，頁63。
〔註21〕　《長沙子彈庫戰國楚帛書研究》，李零，北京：中華書局，1985年7月第一版，頁36～38。
〔註22〕　同註21，頁45。

曆忌之書，《隋書·經籍志》子部『五行類』錄有《雜忌曆》二卷、
《百忌大曆鈔》一卷（梁有《雜百忌》五卷，亡）、《百忌曆術》一
卷、《百忌通曆法》一卷、《曆忌新書》十二卷、《太史百忌曆圖》一
卷（梁有《太史百忌》一卷，亡），《漢書·藝文志·數術略》『五行
類』所收《四時五行經》二十六卷、《陰陽五行時令》十九卷、《刑
德》七卷等可能也都是同類之書。但這些書現在都散亡了，我們已
無從得知其詳。要之，其內容當包括月諱和日禁兩種。月諱可以比
較簡單，日禁則必然異常煩瑣。帛書有月無日，只能算是月諱之書，
并且是這種書中較爲簡略的本子。〔註23〕

七、天官書

饒宗頤先生定楚帛書爲楚國天官書之佚篇，其理可歸爲：

1. 《周禮·春官》：「馮相氏掌十有二歲，十有二月，十有二辰，十日、
   二十有八星之位，辨其敘事，以會天位，冬夏致日，春秋致月，以辨
   四時之敘。」「保章氏掌天星，以志星、辰、日、月之變動，以觀天下
   之遷，辨其吉凶。」謂兩職所司各異，一主常、一主變，古來天官，
   有此區別。並言帛書分甲乙篇，一順寫、一倒書，常變異者，示意與
   上同。〔註24〕

2. 以楚帛書乙篇（〈天象篇〉）所言「月則贏絀，不得其當。」及「日月
   星辰，亂逆其行，贏絀逆亂，卉木亡常。」即保章氏爲「志日月星辰
   之變」之職，而視乙篇爲保章遺說。〔註25〕並言保章氏亦以星土辨封
   域以觀妖祥，因而定帛書言「孛」爲保章氏之舊規。〔註26〕

3. 以楚帛書言「日月星辰」及「不得其參職天雨」而斷言楚帛書之作者
   必曉得二十八宿。〔註27〕

4. 以楚帛書約爲戰國中期物，其時歲星當有超辰，是以造成德匿之天象
   屢見，帛書所記正符合當時之情況。〔註28〕

〔註23〕 同註21，頁46～47。
〔註24〕 出處同註14，文見〈楚帛書之內涵及其性質試說〉，饒宗頤，頁306。
〔註25〕 同註24。
〔註26〕 同註24，文見頁311。
〔註27〕 同註24，文見頁307。
〔註28〕 同註24，文見頁310。

5. 引《漢書・天文志》爲言，其言帛書乙篇亦爲論述天象與人事相應之
　理，而不離《漢書》所云之「政失於此，而變見於彼」之義，並以甘
　德《歲星經》之「視歲星進退，占其妖祥」，與帛書所言「時雨進退」、
　「民人不知歲」，并爲保章氏所掌之職務。〔註29〕

綜上，饒氏以帛書與甘德同時，所言仍爲楚人之天文雜占，故視帛書爲「楚
國天官書之佚篇，自無不可也。」〔註30〕

八、天文學著作

　　高明先生言古代天文學之特點，其中既夾雜許多該民族古代之聖賢人物，
且帶有很濃厚之宗教迷信色彩，如以《淮南子・天文篇》所述共工與顓頊爭爲
帝，怒觸不周山之事，與帛書中之神話人物比勘。再以《漢書・天文志》所述
「政失於此則變於彼」以使明君見而悟，以除禍而福至一事與帛書所載「敬之
哉！毋或弗敬」、「欽敬惟備，天象是測」，「民祀不莊，帝將由以亂逆之行」，「下
民之戒，敬之毋禍」等等比較，認爲帛書內容與古代天文學所述雖有繁簡不同，
實質則大同小異。而認爲帛書爲一篇「比較原始的天文學著作」。〔註31〕

九、陰陽數術

　　此說始自李學勤先生，李氏以楚帛書三篇各爲起迄，且其思想特點一致，
而言其性質「顯然屬于陰陽數術」一類。〔註32〕又云：

> 陰陽家與數術常密不可分，《藝文志》說："數術者，皆明堂羲和史
> 卜之職也"，即透露了其間消息。班固列舉數術家，提到宋有子韋，
> 而陰陽家書首列《宋司星子韋》，也是很好的証據。大概說來，偏于
> 理論的在《志》中列入陰陽家，專供實用的則列入《數術略》。楚帛
> 書《四時》、《天象》應歸前者，《月忌》則近于后者。〔註33〕

將帛書按理論與實用分歸陰陽家與數術略。李氏又以〈天象篇〉之內容在若

〔註29〕同註24，文見頁314。
〔註30〕同註29。
〔註31〕〈楚繒書研究〉，高明，《古文字研究》第十二輯，1985年10月第一版，頁
　　　　370～371。
〔註32〕〈長沙楚帛書通論〉，李學勤，《楚文化研究論集》第一集，湖北，新華書店，
　　　　1987年1月第一版，頁19。
〔註33〕同註32，頁20。

干點上接近於〈洪範五行傳〉，並以帛書之內容強調天人感應，且又提到「五正」，有明顯之五行說色彩。以此比勘先秦時期之諸子，專論陰陽五行，天象災異者，均屬於陰陽家，而歸帛書〈天象篇〉為陰陽家之作。〔註 34〕其述〈四時篇〉，以此篇帶有神話性質之傳說，並言「步以為歲」，與作者屬於陰陽家一派顯然有密切之關係。〔註 35〕是知李氏之視楚帛書，為陰陽數術之作。

綜之，前賢眼中之楚帛書其性質有「告神」、「時占」、「巫術」、「月曆（曆書）」、「月令」、「月諱」、「天官書」、「天文學著作」及「陰陽數術」等九類。

第二節　楚帛書之性質——前賢眼中楚帛書之商榷

歷來有關楚帛書性質之探討，說如第一節九種。如就楚帛書之文字內容、書寫形式及其周邊十六圖象言之，其與上述諸說似皆有相近之處，然若作全面觀，則又無一相當。今即逐項分析之：

一、告神之繪

此為蔡季襄之說，其作《晚周繒書考證》時，楚帛書原物雖在其手中，然因「入土年久，己呈深褐色，幾與文字相含混。」〔註 36〕「以致文理不完，無法釋讀」。其據帛書中有「乃命山川四胃」、「是邦四時」、「青木、赤木、黃木、白木、墨木之精」及「群神五正」、「群神乃嘗」，而推之為「古代祀神之文告」。〔註 37〕今觀第五、六、七章釋讀文字之結果，知帛書所載內容非為告神之語甚明，蔡氏之說，蓋受帛書文字含混所圍。並據《說文解字》「繪」字楊雄之說及段注，言漢時祠宗廟，以丹書帛告神，而斷言楚帛書為當時「告神之繪」。〔註 38〕今考楚帛書施之墓葬，非為祠宗廟，加以楚帛書墨寫非為丹書，蔡氏之言恐失之附會。近時長沙馬王堆出土漢代帛書甚

〔註 34〕〈楚帛書中的天象〉，李學勤，《簡帛佚籍與學術史》，時報文化，1994 年 12月 20 日出版，文見頁 45。
〔註 35〕〈楚帛書中的古史與宇宙論〉，李學勤，出處同註 34，頁 50。
〔註 36〕《晚周繒書考證》，蔡季襄，民國三十三年石印本。民國 61 年 6 月，藝文印書館重印。文見〈繒書考證〉頁 1。
〔註 37〕同註 36。
〔註 38〕同註 36，頁 1～2。

夥，無一爲告神之作，此眾所熟習。若因馬王堆帛書出土之情況（文字含混）
與楚帛書同，而致誤馬王堆帛書爲「告神之繪」，此或猶可說。今觀楚帛書
亦然，蔡氏所見之楚帛書，如其所言，帛呈深褐「幾與文字相含混」、「以致
文理不完，無法釋讀。」今楚帛書文字經紅外線照片發表以來，其內文意蓋
已可知，較之其時蔡氏所見，已絕大不同。觀之楚帛書內容，〈四時篇〉爲
述四時之生成，〈天象篇〉爲述天象之變異，〈宜忌篇〉則述每月行事之宜、
忌。無一涉及告神之語，是知其將楚帛書斷爲「告神之繪」實受帛書材料所
圍，亦不足怪矣！

二、時占之用

　　饒宗頤先生於一九五四年謂楚帛書爲時占之物，〔註39〕至一九八五年改
稱帛書爲「天官書之佚篇」，〔註40〕是知「時占」說之不確。今筆者亦不揣疏
陋言之。

　　饒先生以帛書「文字記四時，五正及月令出行宜忌」，而言帛書「殆爲楚
巫占驗時月之用；而施之墓葬，以鎮壓邪魅。」〔註41〕「以鎮壓邪魅」此說
可慮，此容後申述。其將帛書視爲楚巫「占驗時月之用」，恐亦受昔時帛書材
料所限，「占驗時月」之說當受〈宜忌篇〉所述「可以」與「不可以」做某事
所影響。嚴一萍先生研究楚帛書，推其爲有別於今傳世之其他月令，而爲不
同系統之楚月令。〔註42〕此說甚是（就〈宜忌篇〉而言）。既爲月令，自當先
立訂每月行事之宜忌，以爲行事之準則，今觀帛書〈宜忌篇〉十二月各有其
固定之宜、忌，以爲行事之方針，而非行事時方占卜貞問，以求其宜否，是
知「時占」之說，亦不可信。

三、巫術性之物

　　帛書之作，確有巫術性之作用，安志敏、陳公柔以「繪書出自墓葬，認

〔註39〕〈長沙楚墓時占神物圖卷考釋〉，饒宗頤，《東方文化》一卷一期，香港中文
　　　　大學，1954年1月，頁69。
〔註40〕《楚帛書》，饒宗頤，曾憲通，香港：中華書局，1985年9月版，文參〈楚帛
　　　　書之內涵及其性質試說〉，頁140。
〔註41〕同註39。
〔註42〕〈楚繒書新考〉（下），嚴一萍，《中國文字》第二十八冊，民國57年6月出
　　　　版，頁7。

爲是用來保護死者的巫術性的東西，可能性則是比較大的。」〔註43〕此說可
商。安、陳二氏此語，僅著眼於繪書中有「有吝」、「尙恒」等辭，加以據〈宜
忌篇〉有「不可以享祀」、「不可以⋯⋯」等等，而認爲帛書係爲死者趨避災
異，此蓋亦受帛書材料所限而致之誤。安、陳二氏所據帛書之材料爲一九五
二年美國佛利爾美術館所拍攝之全色照片，此照片之眞實性及清晰度自較蔡
修渙之臨寫本爲優，然因拍攝非有特別之技術，是亦有所局限，據此釋讀成
效自是不彰。安、陳二氏言「不可以享祀」、「不可以⋯⋯」爲示死者以趨避
者。於一九六六年拍攝之紅外線照片一出，其釋讀成效已收長足之進步。雖
尙有殘痕缺文，然其內容蓋可得而推。據本論文第五、六、七章所言，帛書
全爲生人而作，即連「不可以享祀」亦然。其時學者或釋「享」爲「享用」，
解「不可以享祀」爲「不可以享祭祀（品）」，示爲死者言。〔註44〕今由第七
章所釋，知「享」當訓「獻物祭祀」，「不可以享祀」，即「不可以獻物祭祀」
之意，乃是指導生人，而非示死者以趨避者。其間〈宜忌篇〉所云「不可以」，
計有：

    一月：「不可以□殺」。

    二月：「不可以嫁女、娶臣妾」。

    四月：「不可以作大事」。

    五月：「不可以享祀」。

    六月：「不可出師」、「不可以享」。

    七月：「不可以川□」。

    八月：「不可以築室」、「不可以□（出？）師」。

    十月：「不□（可？）煭事。」。

    十二月：「不可以攻□」。

以上全爲指導生人，類於月令之作，實與死者無關。何琳儀先生以帛書
內容涉及災異之趨避，祭祀之禁忌及曆法歲時之重要，認爲楚帛書爲保護死

〔註43〕〈長沙戰國繪書及其有關問題〉，安志敏、陳公柔，《文物》1963 年第九期，
      頁 58。

〔註44〕歷來釋讀楚帛書之學者，多數未釋〈宜忌篇〉5 月「不可以享祀」一語，爲
      之作釋者，除安、陳二氏外，僅見於饒宗頤先生之文。饒氏釋該句爲「不
      可以享祭祀」，據其意似亦爲死者言。請參《楚地出土文獻三種研究》，饒
      宗頤、曾憲通，北京：中華書局，1993 年 8 月第一版，文見〈楚帛書新證〉，
      頁 272。

者巫術性之東西。〔註45〕此說亦可慮。何氏據以為言之災異、祭祀、曆法歲時等，與帛書為保護死者之巫術性東西，實無必然之關係。至如日人林巳奈夫以楚巫名與十二月名相較，〔註46〕純限於〈宜忌篇〉章題為言，非能代表整份楚帛書，此又不待言矣！

四、月曆（曆書）說

　　言帛書具月曆或曆書性質者，蓋知為據〈宜忌篇〉言。楊寬以帛書〈宜忌篇〉每月各記載適宜之行事，而視之為與《禮記・月令》之性質基本相同之一簡單月曆，〔註47〕此說甚確，唯帛書為由三篇文章及十六圖像所構成，今只據〈宜忌篇〉即斷定整份帛書之性質，恐失之以小範大。

　　《中國古文明大圖集》亦視楚帛書為具古代曆書之功用，此說不無見地，唯將帛書列於「古老的物候曆」項下，則恐失之偏。〔註48〕今《中國古文明大圖集》以言帛書為曆書者，為據〈宜忌篇〉言。今觀〈宜忌篇〉所述十二月之宜、忌，除一月「乞則至」為物候外，餘十一個月均不見與物候有關之文句，是以列楚帛書為物候曆，恐亦失之以小範大，且較楊氏為甚。

五、月令說

　　嚴一萍先生以楚帛書與傳世月令比較，言楚帛書或即當時另一系統之楚月令。〔註49〕若以此說明〈宜忌篇〉，實甚確切，唯若以此限範整帛之性質，而忽略十六圖像及隨葬之用意，則亦有可商之處。

　　陳夢家亦定帛書為月令性質之作，並推為「諸侯王的時憲」。〔註50〕以其為月令性質則可，若以為「諸侯王之時憲」則未必然。今觀帛書〈宜忌篇〉非全為記諸侯之事，亦間記有民間行事之宜忌，如：

〔註45〕《戰國文字通論》，何琳儀，北京：中華書局，1989 年 4 月第一版，文參第三章第五節，（八）縑帛文字，頁 146。

〔註46〕〈中國古代的神巫〉，林巳奈夫，《東方學報》（京都）第三十八冊，京都大學人文科學研究所，昭和四十二年 3 月（1967 年），頁 204。

〔註47〕文見《戰國史》第十一章第六節，楊寬，1980 年 7 月，頁 471。

〔註48〕《中華古文明大圖集》第二部，神農，宜新文化事業有限公司、樂天文化（香港）公司聯合出版社，文見〈古老的物候曆〉，頁 33。

〔註49〕同註 42。

〔註50〕〈戰國楚帛書考〉，陳夢家，《考古學報》1984 年第二期，頁 153。

二月：「不可以嫁女、取臣妾。」

四月：「娶女爲邦笑」。

五月：「不可以享祀」。

六月：「不可以享」。

七月：「不可以川□」。

八月：「不可以築室」。

九月：「可以築□」。

是故定楚帛書爲專供諸侯王使用之時憲，恐值得商榷。

六、曆忌書中之月諱之書

李零認爲帛書不僅不按五行說相配，而且也不談物候（僅『取于下』章有『乙則至』一語），而于各月禁忌獨詳，並與〈玄宮〉、〈月令〉等相較而歸結出三點結論：

第一，帛書與『玄宮圖』不同，其置圖方向正相反。

第二，帛書亦不是『明堂圖』，因其無四宮，且無與四宮相配之太室。

第三，帛書與月令相近，於形式則較《月令》原始，沒有複雜之五行系統，亦無月令之說禮色彩，只講各月禁忌。

李氏據此而定帛書與古代曆忌書之性質相近，推判《月令》亦當由此發展而來。並據《隋書經籍志·五行類》所載《雜忌曆》、《百忌大曆》、《百忌曆術》、《百忌通曆法》、《曆忌新書》、《太史百忌曆圖》及《漢書·藝文志·數略術》所載《四時五行經》、《陰陽五行時令》、《刑德》等書，而認爲帛書爲與之同類者。並以楚帛書但言每月禁忌，而推斷其爲「月諱之書」。〔註51〕今李氏所舉曆忌之書，皆極晚出，其間但言忌，而帛書卻宜忌兼言，且帛書與秦漢曆忌之說亦不盡相同，饒宗頤先生已辨其非。〔註52〕

李氏又以《月令》諸書當爲由帛書發展而來者，此說亦可商榷。蓋先秦時期，各國當有各國所宗之月令，其內容不盡相同。以帛書與〈夏小正〉、《呂覽》十二紀、《禮記·月令》相較，帛書以一月燕始至，而其它三者則言二月

〔註51〕《長沙子彈庫戰國楚帛書研究》，李零，北京：中華書局，1985 年 7 月第一版，頁 46～47。

〔註52〕〈楚帛書之問題及其性質試說〉，饒宗頤，《楚地出土文獻三種研究》，饒宗頤、曾憲通，北京：中華書局，1993 年 8 月第一版，頁 303。

燕始至，知其爲不同系統。另於《左傳・莊公十六年》以十月爲「良月」，今觀帛書以十一月最爲良月，是又一不同系統（說詳本章第三節），故知月令之作，非各國統一，而爲適應各該地之氣候而作。且《月令》之源，與古代農學之發展有莫大之關係，昔時當有未寫定而爲口耳相傳之月令，其後藉文字之應用發展，及爲政者之需要，方按其國氣候加以寫定施行。各國居地相差或甚懸殊，舉前述燕至之月，即有一、二月之分，是知各國月令之不全相當。今李氏以帛書之言簡且時代較前，而定後代《月令》諸書皆源自此，其說之失明矣。加以李氏言帛書性質，單以〈宜忌篇〉爲言，此又失之以小範大！

七、天官書

　　饒宗頤先生以帛書〈天象篇〉爲《周禮・保章氏》之遺說，可備一說。然以帛書〈天象篇〉所述變異，爲如《漢書・天文志》所云之「政失於此，而變見於彼。」之義，而認爲此乃爲政者失德所致。[註53]此說容有商榷之處。今觀帛書有關天象變異之因，帛書述之甚詳，〈天象篇〉云：

　　是逆月閏之勿行，……恭（恐）民未智，擬以爲則，毋童（動）群民。

此或言爲政者應注意之事，然帛書又云：

　　帝曰：「繇，敬之哉！毋弗或敬，唯天作福，神則各之；惟天作天，神則惠之。欽敬惟備，天像是惻，感惟天□，下民之祆，敬之毋忒。」……民祀不悟，帝將繇以亂□（逆）之行。……民人弗知，歲則無綉，祭祀則返，民少有□（憂）。

則純就人民應注意之事項而言。由上知帛書所載之變異，乃因爲政者是否遵照月餘置閏，及遵行置閏之禁忌，以及人民「祭祀上天」之虔篤與否，及是否「祭得其時」（祭祀則返），對上天「敬重之程度」是否足夠等所致。是故若將天象之變異，歸之於爲政者失德所致，則恐失之偏。加以整帛之重點不在〈天象篇〉而在〈宜忌篇〉之月行宜忌，及十六圖像上，〈天象篇〉不過是〈宜忌篇〉制定每月行事宜忌之一前提。如前所述，〈宜忌篇〉所言每月宜、忌，亦有諸侯及人民行事之別，不純爲爲政者而言，是以將整帛所言變異歸之爲爲政者失德所致，恐說之不全。且將整帛性質單以〈天象篇〉爲言，恐亦

〔註53〕同註52，頁314。

失之以小範大。唯饒先生言〈天象篇〉多存《周禮・保章氏》遺說、舊規，則確不可移易。

八、天文學著作

高明先生（大陸學者）所據以言帛書為較原始之天文學著作，其所據之理與饒先生同，亦為引《漢書・天文志》所云「政失於此則變於彼」之言為論，〔註54〕其有待商榷之處，說已如上，此不贅。

九、陰陽數術

此說始自李學勤先生，其將楚帛書分理論與實用二方，分配於《漢書・藝文志》中之「陰陽家」與「數術略」，〔註55〕所言甚是。〈四時篇〉言四時之生成，屬常；〈天象篇〉言天象之變異，屬變，二者實屬理論可知，〈宜忌篇〉則立基於〈四時篇〉、〈天象篇〉之上而制定出十二月之行事宜、忌，已屬實用之範圍，故以此為論，則帛書為陰陽數術之類無疑。帛書性質蓋可據以定其大略。

總而言之，前賢所論楚帛書之性質，其說或據一篇以論，則失之以小範大，或僅就帛書而論帛書，據此以觀，則恐又失之於偏。各家所論，常與帛書之性質相近，然又全不相當，故筆者不揣淺陋，試為探討帛書性質於後。

第三節　楚帛書之性質

楚帛書之性質，以前諸學者所述，大抵單就其中一篇而論，致失之以小範大；或就帛書而論帛書，未將其施之墓葬或十六圖像列入考慮，致使所論未周。筆者認為欲論整帛之性質，當須將帛書析分為四時、天象、宜忌、十六圖像及施之墓葬等方面個別探討之，再將其結合起來，以論其性質之歸屬。且此歸屬，非必局限於後代（帛書時代之後）所列之單項術語中，〔註56〕畢

〔註54〕〈楚繒書研究〉，高明，《古文字研究》第十二輯，1985 年 10 月第一版，頁370～371。

〔註55〕〈長沙楚帛書通論〉，李學勤，《楚文化研究論集》第一集，湖北：新華書店，1987 年 1 月第一版，頁 20。

〔註56〕如屬陰陽類、天文學、天官書、巫術性……等單個成份，其亦可能同時屬於二者或以上。

竟一份含有多項意義與複雜內容之圖、文結合物，其性質當具多方面，非可以一突出點範限。今筆者試就帛書性質分析之：

一、四時篇

以扁紅色方框分爲三段。因其穿插敘事，故爲方便說明起見，今統而言之，而不按分段說明。

以「曰」起首，知爲帛書作者追述往古之作。四時篇所述，爲帶有神話性質之古史傳說，藉古史傳說人物，以論曆日四時之推步。其間涉及之神話傳說人物，可確定者有伏犧、帝俊、炎帝、祝融、共工；另有不甚確定之女萱（嬪）、禹、萬等等。〈四時篇〉內容，所述傳說與載籍多可印證，如帛書「曰古大熊伏犧，……夢夢墨墨」與《淮南子·俶眞篇》云：「至伏犧氏，其道昧昧芒芒。」相合。〔註 57〕又如帛書所述洪水及禹治洪水之傳說，載籍多見，舉其大者，蓋有《詩·商頌·長發》云：

洪水芒芒，禹敷下土方。〔註 58〕

《尚書·堯典》云：

湯湯洪水方割，蕩蕩懷山襄陵，浩浩滔天。〔註 59〕

《孟子·滕文公上》云：

當堯之時，天下猶未平，洪水橫流，氾濫於天下。……禹疏九河，瀹濟漯而注諸海，決汝漢排淮泗而注之江，然後中國可得而食也。當是時也，禹八年於外，三過其門而不入，雖欲耕得乎？〔註 60〕

《孟子·滕文公下》：

當堯之時，水逆行，氾濫於中國，蛇龍居之。民無所定，下者爲巢，上者爲營窟。書曰：「洚水警余」，洚水者洪水也。使禹治之，禹掘地而注之海，驅蛇龍而放之菹，水由地中行，江淮河漢是也。險阻既遠，鳥獸之害人者消。然後人得平土而居之。……昔者禹抑洪水，而天下平。〔註 61〕

《國語·周語》云：

〔註 57〕〈楚繒書新考〉（中），嚴一萍，《中國文字》第二十七冊，頁 3。

〔註 58〕《詩經》，十三經注疏，藍燈出版社，頁 800。

〔註 59〕《尚書》，十三經注疏，藍燈出版社，頁 26。

〔註 60〕《孟子》，上海涵芬樓借清內府藏宋刊本景印，四部叢刊經部，頁 43〜44。

〔註 61〕同註 60，頁 52〜53。

伯禹念前之非度，……高高下下，疏川道滯，鍾水豐物。封崇九山，
決汩九州，陂障九澤，豐殖九藪，汩越九原，宅居九隩，合通四海。
〔註62〕

《左傳・昭公元年》云：

美哉禹功，明德遠矣。微禹，吾其魚乎！〔註63〕

《竹書紀年》卷上「帝堯陶唐氏」條云：

七十五年，司空禹治河。〔註64〕

《山海經・大荒北經》云：

禹湮洪水，殺相繇，其血腥臭，不可生穀，其地多水，不可居也。禹
湮之，三仞三沮，乃以為池，群帝因是以為台，在昆侖之北。〔註65〕

《山海經・海內經》云：

禹鯀是始布土，均定九洲。〔註66〕

《山海經・海內經》云：

洪水滔天，鯀竊帝之息壤以堙洪水，不待帝命，帝令祝融殺鯀於羽
郊。鯀復生禹，帝乃命禹卒布土以定九州。〔註67〕

《淮南子・要略篇》云：

禹之時，天下大水。禹身執虆臿以為民先，別河而道九歧。〔註68〕

至如《尚書・禹貢》則為禹平治水土以定九州，制其貢賦之名篇，為眾所熟
稔，此又無須贅述矣！

帛書云：「日月夋生」、「天靁帝夋，乃為日月之行」，則與《山海經》所
述甚為相似，〈大荒南經〉云：

東南海之外，甘水之閒，有羲和之國。有女子名曰羲和，方日浴于
甘淵。羲和者，帝俊之妻，生十日。註五：郭璞云：「羲和蓋天地始生，主
日月者也。故《歸藏》〈啟筮〉曰：『空桑之蒼蒼，八極之既張，乃有夫羲和，是主
日月，職出入，以為晦明。』」〔註69〕

〔註62〕 《國語》，上海涵芬樓借杭州葉氏藏明金李刊本景印，四部叢刊史部，頁25。
〔註63〕 《左傳》，十三經注疏，藍燈出版社，頁702。
〔註64〕 《竹書紀年》，上海涵芬樓影印天一閣刊本，四部叢刊，頁4。
〔註65〕 《山海經校注》，袁珂，上海古籍出版社，1980年7月第一版，頁428。
〔註66〕 同註65，頁469。
〔註67〕 同註65，頁472。
〔註68〕 《淮南子》，上海涵芬樓景印劉泖生影寫北宋本，四部叢刊子部，文見頁164。
〔註69〕 同註65，頁381。

同書〈大荒西經〉云：

> 有女子方浴月，帝俊妻常羲，生月十有二，此始浴之。〔註70〕

《山海經》中記載帝俊之妻有三，其一為娥皇，其二為羲和，其三為常羲。其中羲和生十日，常羲生十二月。日、月均為帝俊之妻所生，正與帛書「日月夋生」相合無間，日月既為帝俊所生，則帝俊使日月運行則又其常理矣，故帛書云：「天霝帝夋，乃為日月之行」。又帛書云：「炎帝乃命祝融」句，申明炎帝與祝融之臣屬關係，於第三章第四節中業已述明，此則不再贅述。

帛書云：

> 九州不坪，山陵備畝，四神乃乍（作），至于復，天旁動，扞斁之青木、赤木、黃木、白木、墨木之精。炎帝乃命祝融以四神降，奠三天，□□思挈，奠四極，曰非九天則大畝，則毋敢蔑。

此說與《淮南子》所記之女媧斷鼇足以立四極，補蒼天，止淫水之傳說甚為相似。〈覽冥篇〉云：

> 往古之時，四極廢，九州裂，天不兼覆，地不周載，火爁炎而不滅，水浩洋而不息，猛獸食顓民，鷙鳥攫老弱，於是女媧鍊五色石以補蒼天，斷鼇足以立四極，殺黑龍以濟冀州，積蘆灰以止淫水。蒼天補，四極正，淫水涸，冀州平，狡蟲死，顓民生。〔註71〕

觀之帛書〈四時篇〉所載古史傳說，除可與載籍相印證外，其所載不外為言四時成歲，曆法之推步置閏等。帛書云：

> 四神相戈（代），乃步以為歲，是隹四寺（時）。……共工夸步，十日四寺（時），□□神則閏，四興毋思，百神風雨，晨緯亂作，乃逆日月以逆（傳）相□思，又朝、又宵、又晝、又夕。

觀之〈四時篇〉之主旨，旨在述明歲與四時之生成及曆法之置閏等等。其又與《尚書・堯典》所述甚為相近。〈堯典〉云：

> 乃命羲和，欽若昊天，曆象日月星辰，敬授人時。……帝曰：「咨汝羲暨和，期三百有六旬有六日以閏月定四時成歲，允釐百工，庶績咸熙。」〔註72〕

是以《左傳・文公六年》云：「閏以正時，時以作事，事以厚生，生民之道

〔註70〕同註65，頁404。
〔註71〕同註68，頁43。
〔註72〕同註59，頁21。

於是乎在矣！」〔註73〕綜上所述，〈四時篇〉之內容主要爲藉古史傳說人物，以述四時、歲之生成及曆法置閏等問題。以此不難究其性質歸屬，《漢書‧藝文志》云：

> 陰陽家者流，蓋出於羲和之官，敬順昊天，曆象日月星辰，敬授民時，此其所長也；及拘者爲之，則牽於禁忌，泥于小數，舍人事而任鬼神。〔註74〕

以此範之，是知〈四時篇〉當屬於陰陽家一類。

二、天象篇

爲言曆日有失而致之種種災異，其間不乏曆日之誤而致祭祀失時、失次所致之凶咎。文中亦以扁紅色方框分爲三段。今按分段說明之：

第一段：爲敘天體運行與曆日不合所致之災異，帛書云：

> 月則經緯，不得其當，春夏秋冬，□又□尚（常），日月星辰，亂逆其行，經緯逆□（亂），卉木亡尚（常）。……西隑有吝，……東隑有吝，□□乃兵，藏于其王。

此蓋日月星辰之運行與曆日推步不合所致之災異，其後之種種亂象，均與違逆閏月行事有關，如「天地乍羕（殃），天棓將作湯，降于其□方。山陵其𦥑，又（有）淵其汩，是胃（謂）孛孛。歲□月內月七日（八日）□又（有）電雹雨土。」等等。

第二段：爲言德匿之歲，日月星辰運行失序，以致降下大雨，且時節該雨不雨，不雨而雨，失其常時。是以擬將曆日之推算與天體運行相合，使復舊常，故帛書云「曆爲之正」、「曆以爲則」。並以帝之身份，告誡人民當恭謹誠敬地祭祀，方能受祐得福。帛書云：

> 帝曰：「繇！敬之哉，母弗或敬，隹（惟）天作福，神則各之；隹（惟）天作夭，神則惠之，欽敬惟備，天像是惻，感惟天□，下民之戠，敬之母忒。」

第三段：亦爲告誡之語，以誡人民不可因神之失職而祭有不敬，且明言曆日推步不明確，則祭祀將會重複、混亂，如此則當招致災禍。帛書云：

> 民勿用□□百神，山川滿浴（谷），不欽□行，民祀不悟，帝將繇以

〔註73〕同註63，頁316。
〔註74〕《漢書》，中華書局據武英殿本校刊，四部備要，文見卷三十，頁18～19。

亂（逆？）之行，……民人弗智（知），歲則無緒，祭祀則返，民少（小）又（有）□（憂？）。

總之，〈天象篇〉爲述天體運行與曆日推步不合所致之種種災異，並告誠人民祭祀若不虔篤及不合時祭，則將有日月亂逆其行之事發生。

〈天象篇〉之內容，與《史記·歷書》所述甚爲相似，〈歷書〉云：

太史公曰：「神農以前尚矣。蓋黃帝考定星歷，建立五行，起消息，正閏餘。於是有天地神祇類物之官，是謂五官。各司其序，不相亂也。民是以能有神，神是以能有明德，民神異業，敬而不瀆。故神降之嘉生，民以物享，災禍不生，所求不匱。少皥氏之衰也，九黎亂德，民神雜擾，不可放物。禍菑薦至，莫盡其氣。顓頊受之，乃命南正重，司天以屬神，命火正黎，司地以屬民，使復舊常，無相侵瀆。其後三苗服九黎之德，故二官咸廢所職，而閏餘乖次，孟陬殄滅，攝提無紀，歷數失序。堯復遂重，黎之後不忘舊者，使復典之，而立羲、和之官，明時正度，則陰陽調，風雨節，茂氣至，民無夭疫。」〔註75〕

以此範之，〈天象篇〉亦當屬於《漢書·藝文志》中之陰陽家一類。

三、宜忌篇

爲述一年十二個月行事之宜、忌，或以爲此篇爲曆忌之書，〔註76〕上節已辨其非。以此篇爲敘每月行事之宜、忌，類於今傳世之「月令」一類。其間僅一月「乙則至」爲有關物候之記載，餘則未曾論及。歸納其類，大抵有：

出師征伐：一月、二月、六月、八月、十一月、十二月。

嫁　　娶：二月、四月、五月、八月。

築邑、室：二月、八月、九月。

享　　祀：五月、六月。

其　　它：作大事（四月），川□（七月），燬事、折、捈抾不義（十月），
　　　　　聚眾、會諸侯、戮不義（十一月）。

其中名目甚多，而以「出師征伐」類爲重。據此而知帛書之取向。此蓋

〔註75〕《史記會注考證》，瀧川龜太郎，宏業書局，民國76年7月再版，文見卷二十六，頁444～445。

〔註76〕《長沙子彈庫戰國楚帛書研究》，李零，北京：中華書局，1985年7月第一版，頁46、47。

與帛書爲戰國時物（詳第三章）有關，其時各國相征伐，所重爲兵，故帛書記載兵行宜忌特多，此所可理解，據此亦知〈宜忌篇〉爲重實用之作。古來「月令」之作，以實用爲主，人主令天文官觀象，制定曆法推定農時節候，以爲農耕之準據，是以特重實用。帛書〈宜忌篇〉亦以實用爲主，知其性質與之相類。今取其相近之傳世古籍，試爲列表比較其異同：

月份	楚帛書・宜忌篇	呂氏春秋・十二紀	淮南子・時則篇	禮記・月令篇
一	乇則至，不可以□殺，壬子、丙子，凶。作□北征，率有咎。	無覆巢，無殺孩蟲、胎犬、飛鳥，無麛無卵。無聚大眾，無置城郭，……不可以稱兵，稱兵必有天殃，兵戎不起，不可從我始。	毋覆巢、殺胎夭，毋麛毋卵。毋聚眾，置城郭。	毋覆巢，毋殺孩蟲、胎夭、飛鳥，毋麛毋卵。毋聚大眾，毋置城郭。……不可以稱兵，稱兵必天殃。兵戎不起，不可從我始。
二	可以出師、築邑，可以嫁女、取臣妾。	玄鳥至。……無作大事，以妨農功。……無竭川澤，無漉陂池，無焚山林。	毋竭川澤，毋漉陂池，毋焚山林，毋作大事，以妨農功。	玄鳥至。……毋作大事，以妨農之事。……毋竭川澤，毋漉陂池，毋焚山林。
三	……妻、畜生，分女……	修理隄防，導達溝瀆。……無伐桑柘。	修利隄防，導通溝瀆。……毋伐桑柘。	修利隄防，道達溝瀆。
四	不可以作大事，取女爲邦笑。	無有壞墮，無起土功，無發大眾，無伐大樹。驅獸，無害五穀，無大田獵。	無有隳壞，母興土功，毋伐大樹，驅獸畜，勿令害穀。	毋有壞墮，毋起土功，毋發大眾，毋伐大樹。……驅獸，毋害五穀，毋大田獵。
五	不可以享祀，凶。取□□爲臣妾。	命有司爲民祈祀山川、百原，大雩帝用盛樂。	命有司爲民祈祀山川、百原，大雩帝用盛樂。	命有司爲民祈祀山川、百源，大雩帝用盛樂。
六	不可出師，不可以享。	令民無不咸出其力，以供皇天上帝、名山大川、四方之神。以祀宗廟、社稷之靈。爲民祈福，……不可以興土功，不可以合諸侯，不可以起兵動眾，無舉大事。	令百縣之秩芻，以養犧牲，以共皇天上帝、名山大川、四方之神、宗廟社稷。……不可以合諸侯、起土功、動眾興兵，必有天殃。	命四監大合百縣之秩芻，以養犧牲。令民無不咸出其力，以共皇天上帝、名山大川、四方之神，以祠宗廟，社稷之靈。……不可以興土功，不可以合諸侯，不可以起兵動眾。毋舉大事，以搖養氣。毋發令而待，以妨神農之事也。……舉大事，則有天殃。

七	不可以川□，大不訴于邦，有梟內于上下。	專任有功，以征不義，詰誅暴慢，以明好惡。……完隄防，謹壅塞，以備水潦。……無以封侯、立大官，無割土地、出大使。	專任有功，以征不義，詰誅暴慢，順彼四方。……完隄防，謹障塞，以備水潦。修城郭，繕宮室，毋以封侯、立大官、出大使。	專任有功，以征不義；詰誅暴慢，以明好惡。……完隄防，謹壅塞，以備水潦。……毋以封諸侯、立大官；毋以割地、行大使。
八	不可以築室，不可以出師，其邦有大亂，取女，凶。	申嚴百刑，斬殺必當。……可以築城郭、建都邑。	可以築城郭、建都邑。	嚴百刑，斬殺必當。…可以築城郭，建都邑。
九	不可以築□。	合諸侯，制百縣。	合諸侯，制百縣。	合諸侯，制百縣。
十	不可毀事，可以折，捈拮不義于四……	固封璽，備邊竟，完要塞。	斷罰刑，殺當罪，阿上亂法者，誅。	固封疆，備邊竟，完要塞。
十一	利侵伐，可以攻城、聚眾、會諸侯、刑首事、戮不義。	土事無作，無發蓋藏，無起大眾。……命有司祈祀四海、大川、名原、淵澤、井泉。	土事旡作，旡發室居，及起大眾。	土事毋作，慎毋發蓋，毋發室屋，及起大眾。……命有司祈祀四海、大川、名源、淵澤、井泉。
十二	不可以攻□……	歲將更始，專於農民，無有所使。	歲將更始，令靜農民，無有所使。	歲且更始，專而農民，毋有所使。

　　觀之上表，知楚帛書〈宜忌篇〉所記與《呂氏春秋》十二紀、〔註77〕《禮記・月令篇》、〔註78〕《淮南子・時則篇》〔註79〕等所記內容有很大之差異，且每月行事之可與不可也時有相反，是知楚帛書當為另一系統。此又可由二方面觀之：

　　　其一「燕至之日」：帛書以一月「乙（玄鳥、燕鳥）則至」，載籍以二月玄鳥始至。此蓋為其時居地氣候之別所致（第七章第一節乙字條述之甚詳，可參）。知帛書與載籍為不同之系統。

　　　其二「良月」：《左傳・莊公十六年》：「公父定叔出奔衛，三年而復之，曰：『不可使共叔無後於鄭。』使十月入。曰：『良月也，就盈數焉。』」〔註80〕以十月為良月，今楚帛書之十一月章文內容為：「曰：姑，利侵伐，可以攻城、可以聚眾、會諸侯、型百事、戮不義。」

〔註77〕《呂氏春秋》，涵芬樓藏明宋邦義等刊本，四部叢刊子部，散見頁5～69。
〔註78〕《禮記》，十三經注疏，藍燈出版社，頁278～349。
〔註79〕同註68，散見頁32～38。
〔註80〕同註63，頁157。

帛書中以此月最爲良月，其它各月均有所禁忌，是知楚帛書爲另一不同之系統。

綜上所述，〈宜忌篇〉爲與「月令」性質相近之楚文物，以其所述不盡相同，每月宜忌時與傳世載籍相反，知爲不同之系統。以〈宜忌篇〉所述最重於兵，近於兵陰陽之物，且與其時代之情況相符，知爲致實用之物，依此以觀，是知〈宜忌篇〉或爲其時傳世之楚月令。

四、十二神像、四木（含施之墓葬）

帛書周邊十二神像造型奇特，譎詭儡人，富有一種動人心魄之神祕感。其共同特徵爲人、獸、禽之變體或爲其結合。至於其具體形態則完全不同。如三首人身……四人首雙鳥身……。何以十二神像之形體如此怪異？距今五千年至距今四千年左右之新石器時代中之良渚文化，於其遺址出土之器物中亦有著造型奇特之"兩眼一嘴"之神人形獸面紋玉器（圖一）。〔註 81〕於商代，青銅面具之多樣，造型之奇特，或人或獸或爲其結合物，紋樣甚爲繁雜（圖二）。〔註 82〕即如出自楚墓之鎮墓獸，形亦譎詭奇怪，如出自信陽楚墓一號墓之鎮墓獸，其形蓋爲：

> 頭頂插有二支彩繪鹿角，角外休以成組之黑一色卷雲紋。兩耳翹起，頭部似獸，雙目圓大，張口吐舌，舌垂至腹，胸部繪出雙乳，背部雕有四個對稱之卷雲紋，前肢上舉，兩爪持蛇作吞食狀。（圖三）〔註 83〕

二號墓鎮墓獸

> 形略同於一號墓之鎮墓獸，形態較爲生動，頭插鹿角，雙角直豎，兩目圓大，上唇外卷，露齒，舌伸垂及胸部。脊背上雕出勻稱之雲紋。體外髹黑漆，再彩繪各種圖案，並再於眼四周、前額、雙角、獸體分繪黃色眉睫紋、黃色波浪紋，黑色雲紋，黃色雲紋等。（圖四）
> 〔註 84〕

〔註 81〕此圖引自〈良渚"神人獸面紋"析〉，劉方復，《文物天地》1990 年第二期，頁 28。

〔註 82〕此圖引自〈商代青銅面具小考〉，宋新潮，《考古與文物》1991 年第六期，頁 71、頁 72。

〔註 83〕《信陽楚墓》，中國社會科學院考古研究所編，文物出版社，1986 年 3 月第一版，頁 60。

〔註 84〕同註 83，頁 114。

何以圖像造型如此奇詭，此實與原始人類之思維模式有著密切之關係：

　　原始思維形式又稱原邏輯思維形式。它是原始人類在科學極為落後
　　的條件下，用來認識自然界的一種完全不同于文明社會人們思維特
　　點的思維方式。它不像邏輯思維那樣，注重矛盾和事物之間之因果
　　關係，也不注意事物門類種屬的區別。在這樣一種思維方式的支配
　　下，原始人類認為在自然界的每一種事物之中，都存在著一種極為
　　神祕的力量。這種神祕力量可以只通過人們的感覺在不同種屬的事
　　物之間發生“互滲”，而不同種屬的事物又可以通過這種神祕的
　　“互滲”或接近或聯合起來，相互獲得對方的特殊功能和神祕力
　　量，并能對某個人乃至于整個部族產生善的或惡的巨大作用。印度
　　有些人認為吃了貓頭鷹的眼球，人便能在黑暗中看得很清楚。新西
　　蘭有些人認為，人吃了叫聲最悅耳的鳥，便會有出眾的口才。〔註85〕

由上可知神話集粹之《山海經》，何以所載之物其形體均甚奇詭，而《山海經》
中亦保留有甚多“互滲”之影子。簡言之，如〈東山經〉載「有獸焉，其狀
如夸父而彘毛，其音如呼，見則天下大水。」〔註86〕又載出自獨山之末塗之
水，「其中多鯈鱅，其狀如黃蛇，魚翼，出入有光，見則其邑大旱。」〔註87〕
於〈南山經〉載有鳳凰，「見則天下安寧。」〔註88〕即至於楚人亦有此種“互
滲”之影子，如孫叔敖見雙頭蛇以為活不過三日之故事，再由楚墓出土之鎮
墓獸及楚帛書十二神像，在在均說明楚人互滲觀念之濃厚。

　　由上所述，人見雙頭蛇則人活不過三日，是知雙頭蛇於楚人有著巨大而
特殊之能力；見鯈鱅則天下大旱；見似夸父而彘毛之獸則天下大水；見鳳凰
則天下安寧，是知各種特出之物均具有其特殊之能力。進而言之，取像結合
之種數越多，形像越加怪異，其所具之神祕力量即越巨大。中國古代神話中
之人物即如此。綜上所述，則商代以青銅面具隨葬，甚而將面具戴在死者臉
上，〔註89〕其用意即可得知，蓋為藉面具所繪獸形紋樣之神祕能力以驅邪魅，

〔註85〕引自〈楚文物中動物雕刻造型的文化內涵分析〉，趙輝、征雁，《楚文藝論集》，
　　　　湖北省文聯、湖南省文聯、中國藝術研究院文藝研究編輯部合編，湖北美術
　　　　出版社，1991年12月第一版，頁182～183。
〔註86〕同註65，頁103。
〔註87〕同註65，頁104。
〔註88〕同註65，頁16。
〔註89〕同註82，頁72。

保護死者之安寧。楚墓中所出之奇詭怪異鎮墓獸，其形亦互滲之結果，其用意亦爲袚除不祥、鎮墓壓勝之作。直如楚帛書之十二神像，亦爲互滲之結合物，其四隅之四木，純爲標誌四方之居勾方位，使各神明其居所。各神像形體俱異，所具神祕力量當亦不同。

　　帛書十二神像爲具有神祕之超自然能力。若以此角度切入，則帛書當具有鎮墓壓勝之作用。然考楚帛書之擺置，爲置於頭箱中，疊作八折存放，且於其外疑有另份帛書將之包起（於九月「玄司秋」處，另有它份朱書殘帛文字黏附之跡）。若爲壓勝之作，則楚帛書當攤開擺置方是，然此帛書卻折疊存放，且爲它份帛書包住，顯示楚帛書非爲壓勝之作甚明。考之考古墓葬出土物，如出包山楚墓之文書、卜筮祭禱竹簡；〔註90〕雲夢睡虎地秦墓出土之〈編年記〉、〈語書〉、〈秦律十八種〉、〈效律〉、〈秦律雜抄〉、〈法律答問〉、〈封診式〉、〈爲吏之道〉、〈日書〉甲乙種；〔註91〕甘肅武威出土之《儀禮》漢簡〔註92〕等等。或均爲各該墓墓主生前所喜愛之物，於其死後，生者將之隨葬，此非有壓勝之作用，而純爲死者生前所喜愛之物耳。楚帛書之隨葬，疑亦如此，爲死者生前所有，故於墓主死後，生者將之附入隨葬耳！

　　綜上所述，是知楚帛書爲或爲具「陰陽數術性質之楚月令」。

圖一　反山琮王之神人獸面紋

〔註90〕　請參《包山楚墓》，湖北省荊沙鐵路考古隊，文物出版社，1991年10月第一版，所附圖版。

〔註91〕　請參《雲夢睡虎地秦墓》，雲夢睡虎地秦墓編寫組，文物出版社，1981年9月第一版，所附圖版。

〔註92〕　《武威漢簡》，中國科學院考古研究所、甘肅省博物館編，文物出版社，1964年9月第一版。

山東益都蘇埠村出土

河南安陽殷墟出土

西安老牛坡出土

四川廣漢三星堆出土

河南安陽殷墟出土

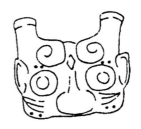

河南禹縣出土

河南安陽殷墟出土

圖二

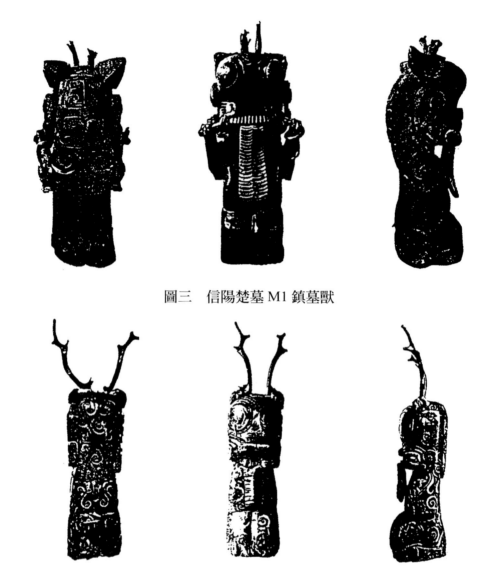

圖三　信陽楚墓 M1 鎮墓獸

圖四　信陽楚墓 M2 鎮墓獸

第四節　墓主身份

　　出土楚帛書之墓葬墓主身份，一般不爲人所重視，湖南省博物館於一九七
三年五月重新發掘此墓，經湖南省醫學院鑒定墓主爲一約四十歲左右之男性。
〔註93〕發掘報告以此墓爲一槨二棺，按《莊子・天下篇》與《荀子・禮論篇》

_____

〔註93〕　〈長沙子彈庫戰國木槨墓〉，湖南省博物館，《文物》1974 年第二期，頁 38。

記載：「天子棺槨七重，諸侯五重，大夫三重，士再重」，按此制度再結合帛畫上之男性肖像及其裝束來看，推判墓主應爲士大夫一級之貴族。〔註94〕今就此墓發掘所得之各項資料試爲分析之。

《禮記・喪大記》云：

君裏棺用朱綠，用雜金鐕；大夫裏棺用玄綠，用牛骨鐕；士不綠。

君蓋用漆，三衽三束；大夫蓋用漆，二衽二束；士蓋不用漆，二衽二束。〔註95〕

今觀出土楚帛書之墓葬，其內棺爲內髹紅漆、外髹黑漆，且棺束爲橫束三道之葛布緘封，再塗以黑漆。〔註96〕以〈喪大記〉所載準之，則此墓爲近「君」階級之墓葬。

《禮記・檀弓上》云：「天子之棺四重」。〔註97〕鄭玄注云：「諸公三重，諸侯再重，大夫一重，士不重。」清人金鶚於《求古錄禮說》卷八〈棺槨考〉（收入《清經解續編》）中認爲鄭玄之注誤，鄭玄注之棺槨制當改爲「天子四重，諸侯三重，大夫二重，士不重。」按照禮制，棺外應再加一層槨，如此成爲「天子一槨四棺，諸侯一槨三棺，大夫一槨二棺，士一槨一棺。」〔註98〕若以此準之，則出土帛書之棺槨爲一槨二棺，當爲「大夫」階級之墓葬。

《禮記・曲禮下》云：「無田祿者，不設祭器。」〔註99〕孔疏云：「此明不得造〔案：指祭器〕者，下民也，若大夫及士有田祿者，乃得造器〔案：亦指祭器〕。」此說正與《國語・晉語四》云：「士食田，庶人食力。」〔註100〕同。今出土楚帛書之墓葬業已論證其爲戰國楚墓（詳第三章），墓中隨葬有鼎、敦、壺……等，以〈曲禮〉之文準之，是知此墓墓主爲「士」以上食田祿之階級。

若再析以陪葬鼎數而言，周代之禮制規定，天子用九鼎，諸侯用七鼎，大夫用五鼎，士用三鼎或一鼎。直至東周，則更爲天子諸侯用九鼎，卿用七

〔註94〕同註93，頁40。

〔註95〕《禮記》，十三經注疏，藍燈出版社，頁786。

〔註96〕同註93，頁37。

〔註97〕同註95，頁152。

〔註98〕《求古錄禮說》，金鶚，收入《皇清經解續編》，文見《求古錄禮說》卷八，頁18～25。

〔註99〕同註95，頁75。

〔註100〕《國語》，中華書局據士禮居黃氏重雕本校刊，四部備要，文見卷十，頁14。

鼎，大夫用五鼎，士用三鼎或一鼎。〔註101〕今證之出土帛書之墓葬爲戰國中晚期之墓葬（詳第三章）。以此準之，則出土帛書之墓主爲一「士」階級。

　　依上所述，由裏棺之顏色、棺束之多寡，棺槨數目，祭器之有無與鼎數視之，知出土楚帛書之墓主身份，分別爲君、大夫和士階級以上（含士）。何以一墓主具有三重身份？此蓋可由楚族發展之情況分析之。前文所引《禮記》之文，蓋爲周之禮制，用此以評判春秋時之楚墓葬或許尚可行，然持以評判戰國時之楚墓，則恐難成立。蓋自春秋中期開始，楚國自身之特點已慢慢表露出來，而不完全受制於周。《史記・楚世家》云：「熊渠曰：『我蠻夷也，不與中國之號諡。』」〔註102〕及至楚成王即位，初始向朝貢於周天子，然至其將勢力擴展至洞庭湖畔，疆域達到南北千里之時，遂便停止朝貢，而開始其爭霸中原之行動，〔註103〕自然也就逐漸脫離周之範限，而發展出屬於楚特有之文化來。《荀子・正論篇》云：「天下爲一，諸侯爲臣，通達之屬，莫不振動從服以化順之，曷爲楚越獨不受制也。」〔註104〕政治如此，即於墓葬禮俗亦然。今由本論文第三章第一節中之〈棺束〉知楚之棺束，蓋可因其材質之不同而作爲析其時代範圍之依據，與周之棺束繫於階級之不同者有別。是以高崇文先生云：

　　　　楚墓棺束制度與文獻記載的周制不盡相同。目前所見春秋早中期的
　　　　楚墓棺束分爲二等，也是以橫束區分，有田祿的士橫束五，無田祿
　　　　的士橫束三，顯然與周制不同。……楚國這套棺束制度，從春秋晚
　　　　期開始發生了變化，不論是封君，大夫還是士均橫束爲三。……可
　　　　以看出，楚墓棺束在用料形式等級等方面有自己一套與周制不完全
　　　　相同的制度和變化途徑。〔註105〕

既知如此，然則出土帛書之墓主身份究爲何？據載籍《荀子・禮論篇》云：

　　　　天子棺槨十重，諸侯五重，大夫三重，士再重。〔註106〕

〔註101〕〈中國古代墓葬概說〉，王仲殊，《考古》1981年第五期，頁451。
〔註102〕《史記會注考證》，瀧川龜太郎，宏業書局，民國76年7月再版，頁631。
〔註103〕《玄妙奇麗的楚文化》，徐志嘯，新華出版社，1991年12月第一版，頁12。
　　　　或參《史記・楚世家》同註102，頁633。
〔註104〕《荀子》，上海涵芬樓景印古逸叢書本，四部叢刊，頁128。
〔註105〕〈淺談楚墓中的棺束〉，高崇文，《中原文物》1990年第一期，頁86。
〔註106〕文中所言「天子棺槨十重」之「十」，疑爲「七」之訛。蓋「十」、「七」於甲
　　　　骨文僅筆劃長短之別，易混。加以《荀子》此文所載之棺槨數大抵降殺以兩，
　　　　唯獨天子與諸侯之制相間五級，是知「十」當爲「七」之訛。出處同註104，
　　　　頁140。

又《莊子・天下篇》云：

> 天子棺槨七重，諸侯五重，大夫三重，士再重。〔註107〕

二者均以再重棺槨為「士」階級。荀子曾為楚蘭陵令，莊子之學要本歸於老子，〔註108〕則二者所記當為楚制。以此準之，出土楚帛書之墓為一槨二棺，則當為再重棺槨之「士」墓。

另據楚墓規模及隨葬品加以研究，蓋可歸納楚墓之等級為五類，其中第四類為士墓，其規制概為：

> 一般無封土，有的有墓道，木槨長 2.5～3.5 米，一室或二室，隨葬品主要為仿銅陶禮器，……一半以上的墓出兵器、漆木器；楚墓中的一槨一棺墓，少數一槨二（層）棺的墓屬此類。〔註109〕

今出土楚帛書之墓葬，知為有墓道，一槨二棺，木槨長 3.06 米（詳第二章第二節）；隨葬品有仿銅陶禮器、竹木漆器、兵器、絲麻織物，……等。〔註110〕依楚墓等級據以分類，知此墓當屬於「士」階級之墓葬。今依上述載籍及實際考古資料，均顯示出土楚帛書之墓主身份為「士」階級。

與楚帛書同坑，於一九七三年清理出土者，尚有一帛畫，俗稱「人物御龍帛畫」（請參第二章第四節圖四），〔註111〕其畫幅為：

> 畫的正中為一有鬍鬚的男子，側身直立，手執韁繩，駕馭著一條巨龍。龍頭高昂，龍尾翹起，龍身平伏，略呈舟形。在龍尾上部站著一鶴，圓目長喙，昂首仰天。人頭上方為輿蓋，三條飄帶隨風拂動，畫幅左頭角為一鯉魚。畫幅中輿蓋飄帶、人物衣著飄帶和龍頸所繫韁繩飄帶拂動方向一致，都是由左向右，表現了風動的方向，反映了畫家狀物的細緻精確，而所繪圖象，除鶴首向右上方外，其餘人、龍、魚都是朝向左方，表現了行進的方向。整個帛畫應是乘龍升天的形象。〔註112〕

依上說明稱為「乘龍升天」之形象，則當為墓主之寫真。其形象正與長沙陳

〔註107〕《南華真經》，上海涵芬樓藏明世德堂刊本，四部叢刊，頁228。

〔註108〕《史記・老子韓非列傳》云：「莊子者，蒙人也。名周，周嘗為蒙漆園吏。與梁惠王、齊宣王同時。其學無所不窺，然要其本歸於老子之言。故其著書十餘萬言，大抵率寓言也。」出處同註102，頁834。

〔註109〕〈楚墓分類問題探討〉，郭德維，《考古》1983年第三期，頁258。

〔註110〕同註93，頁38～39。

〔註111〕同註93，頁38。

〔註112〕《長沙楚墓帛畫》，文物出版社，1973年，文見〈說明〉無頁碼。

家大山出土之「人物龍鳳帛畫」〔註113〕相似。於先秦神話想像中，「龍是天神、地祇的騎乘和動物伙伴，是巫覡精魂升天、交通人神的工具，也是普通人的夢魂和亡魂升天的騎乘」。〔註114〕於載籍中駕龍神遊之作甚多，尤以《楚辭》所載爲甚。如〈離騷〉云：「忽吾行此流沙兮，遵赤水而容與。麾蛟龍使梁津兮，詔西皇使涉予」。〔註115〕〈九歌·河伯〉云：「乘水車兮荷蓋，駕兩龍兮驂螭」。〔註116〕〈九歌·湘君〉云：「駕飛龍兮北征，邅吾道兮洞庭」。〔註117〕所可舉者尚多。今由楚帛書之內容與邊圖十二神像，知其與巫覡有相當密切之關係，而帛畫中之龍又爲巫覡借以通天之工具，故知此墓主或爲楚之巫師。

綜上所述，則出土楚帛書之墓主身份，或爲楚國士階級之一名巫師。

〔註113〕〈對照新舊摹本談楚國人物龍鳳帛畫〉，熊傳新，《江漢論壇》1981 年第一期，頁 90～94。

〔註114〕《楚國神話原型研究》，張軍，文津出版社，民國 83 年 1 月初版，頁 79。

〔註115〕《楚辭》，上海涵芬樓借江南圖書館藏明繙宋本景印，四部叢刊，頁 25。

〔註116〕同註 115，頁 43。

〔註117〕同註 115，頁 34。

第十章 結 論

第一節 楚帛書文字之特色

　　楚帛書之年代，經本論文第三章所論，業已推判其為西元前三一六至西元前二七七年間之楚物，時值戰國中晚期。當時，社會發生了重大之變革，諸侯國崛起，按著地域各自發展自己特有之文化，許慎於《說文解字・敘》中述之甚詳，其云：

> 其後諸侯力政，不統於王，惡禮樂之害己，而皆去其典籍。分為七
> 國，田疇異畝，車涂異軌，律令異法，衣冠異制，言語異聲，文字
> 異形。秦始皇帝初兼天下，丞相李斯乃奏同之，罷其不與秦文合者。
> 斯作《倉頡篇》，中車府令趙高作《爰歷篇》，太史令胡毋敬作《博
> 學篇》，皆取史籀大篆，或頗省改，所謂小篆者也。〔註1〕

由許氏之言，知其時各國獨自發展造成之差異頗為嚴重，即如運用於傳達訊息之文字亦不能倖免，即使於同一諸侯國，因書手之不同，其字亦常因之而異，至連同一書手，寫相同之字，其字形亦未必全同。〔註2〕而許氏此言，並非指戰國時代各國之文字沒有相互影響之一面，更非每一字均會因其國之不同而有不同之形體構造，而是言字形於戰國時代，因地域不同之關係，所產

〔註 1〕 《說文解字注》，許慎撰、段玉裁注，黎明文化事業股份有限公司，民國 80
　　　 年 8 月增訂八版，頁 765。
〔註 2〕 請參已出土之楚竹簡，或參〈戰國楚竹簡概述〉，中文系古文字研究室楚簡整
　　　 理小組，《中山大學學報》(哲學社會科學版) 1978 年第四期，頁 68 所舉竹簡
　　　 文字。

生之歧異現象甚爲嚴重，遠遠超出了前後各代。〔註3〕

　　楚帛書爲戰國時代之出土實物，其上有墨書九百餘字，乍視之下，實難識讀，以其爲楚古文，距今時已遠，其間字形變化頗大，除有些字仍流傳於今而可識外，有已淘汰不再使用者，〔註4〕如「感」作「![感]」（〈天象篇〉十・29）；「皆」作「![皆]」（〈天象篇〉七・24）；「難」作「![難]」（〈四時篇〉四・25），此爲文字演變之自然現象，其例甚多，此不贅舉。加以其時社會變革劇烈，新事物急遽增加，爲避免增加新符號而造成文字使用及掌握上之困難，是以大量運用假借之法，故其時用字假借盛行，亦爲文字識讀造成某種程度之阻礙，此種現象爲各代皆然，釋讀篇章中業已說明假借之由，在此亦不再辭費。今擬就釋讀楚帛書時，所見文字有特殊之處，於此略述之。

一、簡　化

　　簡化，簡言之即指簡省文字之筆劃而言。

　　自來文字形體之發展，於各階段自有其特殊變化之規律與現象，以楚系文字而言，其偏旁、形體均有其特殊之處，〔註5〕單就簡化而言亦然。文字之簡化，其起因甚多，然究其因，蓋可歸結於爲書寫方便及利於學習記憶而起，爲此，文字之形體便以趨於簡約而不過於複雜爲要，而在約定俗成之下簡化某些字，使爲社會所認可而加以運用，實乃勢所必然。而簡化蓋可分爲兩種：其一爲文字自然演進所造成之簡化，如由甲骨文、金文圖畫性之文字，簡化爲線條化、符號化，再減去大、小篆之繁複而爲隸書，及至今之楷書。此爲文字演進之自然規律，簡言之即由筆意走向筆勢，其字形爲各地所可適用；另一種簡化爲地域性使用文字所造成，非可運用於各地，而爲各該區域約定俗成下之產物，爲各該地域所使用。此文所言之簡化，蓋指地域性文字之簡化而言。

　　楚國爲戰國時期最大之國家，由於歷史與地域之因素，自西周末起，即形成一種具有獨特風格之文化。其於文字之簡化亦自有其特色，〔註6〕今僅就

〔註3〕《文字學概要》，裘錫圭，商務印書館，1988年8月第一版，頁57。

〔註4〕古文字之消失，除有些不合時用、不符文字演進規律而遭淘汰外。秦始皇統一天下後，廢除不與秦文相合之六國異體，及後來文字隸變所造成之形體改變，均爲其因。

〔註5〕《戰國文字通論》〈第五節　楚系文字〉，何琳儀，北京：中華書局，1989年4月第一版，頁152～153。

〔註6〕關於戰國文字簡化之現象，可參〈談戰國文字的簡化現象〉，林素清，《大陸

楚帛書所見，簡述之如次：

（一）以橫畫代替部份形體

1. 🔣（爲）：金文作🔣（趙孟壺）、🔣（陳逆簋）、🔣（陳侯因𦋺錞）。楚帛書作🔣（〈四時篇〉二‧27），將「爲」字形體之下半省去，而代之以二橫畫。

2. 🔣（至）：金文作🔣（兮甲盤）、🔣（召伯簋）、🔣（鱎鎛）。楚帛書作🔣（〈天象篇〉十二‧16），省去「至」字形體之下半，而以二橫畫代替。

3. 🔣（害）：金文作🔣（師害簋）、🔣（害弔簋）、🔣（曩伯溫）。楚帛書作🔣（〈四時篇〉三‧18），省去「害」字下半之形體，而以二橫畫代替。

（二）省去（全部或部份）形符，保留聲符

1. 🔣（其）：金文作🔣（者𣱩鐘）、🔣（曾侯乙鐘）。楚帛書作🔣（〈四時篇〉三‧22），省去形符甘，保留聲符丌，並在丌上加一橫短羨畫而成亓。

2. 🔣（春）：金文作🔣（欒書缶），楚簡作🔣（包山楚簡二〇〇）。《說文》云：「🔣，推也。从日艸屯，屯亦聲。」〔註7〕楚帛書作🔣（〈天象篇〉一‧13），省去形符之一之「艸」旁。

（三）共用偏旁相同之部件

1. 🔣（惠）：金文作🔣（鱎鎛）、🔣（王孫鐘）。《說文》云：「🔣，仁也。从心叀。」〔註8〕楚帛書作🔣（〈天象篇〉十‧19）。楚帛書中之文字偏旁「心」，常省作「🔣」，如「思」作「🔣」（〈四時篇〉六‧15）、「德」作「🔣」（〈天象篇〉五‧13）、「惻」作「🔣」（〈天象篇〉十‧28）。楚帛書之「惠」字，因「🔣」（叀）字之「🔣」，與「🔣」（心）字之「🔣」形同，故合而共用之，而爲「🔣」。

雜誌》第72卷第五期，頁217～228。

〔註7〕同註1，頁48。

〔註8〕同註1，頁161。

（四）省去複重之部份

1. 🔣 （鼠）：《說文》云：「🔣，穴蟲之總名。」〔註9〕楚簡作🔣（包山楚簡一六四甿字偏旁），帛書「鼠」字爪形則省去複重，僅存其一。

（五）減少文字之筆畫

1. 🔣 （得）：金文作🔣（師望鼎）、🔣（克鼎）。均象以手持貝之形，貝下二撇係貝飾。楚帛書得字作🔣（〈天象篇〉一・10），左側貝飾已省去。

2. 🔣 （敢）：楚帛書敢字見（〈四時篇〉六・29）。魯實先先生以敢字當爲从爭、甘聲，並謂从口爲誤。〔註10〕今楚帛書敢字从口，蓋甘字省其中畫而來。

3. 🔣 （智）：《說文》云：「🔣，識詞也。从白亏知。」〔註11〕金文作🔣（智君子鑑）、🔣（中山王𰻀壺）。楚帛書作🔣（〈天象篇〉八・14），蓋省去「口」部。

4. 🔣 （群）：《說文》：「🔣，輩也。从羊、君聲。」〔註12〕金文作🔣（子璋鐘）、🔣（陳侯午錞）。楚帛書作🔣（〈天象篇〉八・21）蓋省去「口」部。

二、繁　化

繁化，簡言之，即指增加文字之筆劃，相對於簡化而言。

文字之簡化，蓋基於使文字簡單化、規則化，而利於人們之掌握與使用，爲文字演進之自然現象，說已見前。而文字之繁化，亦爲文字發展演變過程中自然現象之一，蓋爲使文字間彼此便於區別及利於掌握其意義而來。多數之古文字，其本身所負擔之意義項甚爲繁重，除本義外，往往一字引申而再引、三引，加以假借造成文字所應負荷意義之比重加大，是以繁化文字以減輕文字本

〔註9〕同註1，頁483。

〔註10〕請參〈說文正補〉，魯實先，出處同註一《說文解字注》後附，頁82上半頁左側。

〔註11〕同註1，頁138。

〔註12〕同註1，頁148。

身對字義之負荷乃必然之事，如此將字義分散出去，方有助於文字運用之準確性。〔註13〕然本文所謂之繁化，非特指爲減輕某字所負意義之重擔而繁化，亦即非爲分出某字之某一意義，而純爲使該字之意義縮小化、精準化，以使其字義之特點突出而另加筆畫之現象，稱之。此外，爲考慮文字之美觀、勻整而另加無關乎字義之羨劃，亦爲本文討論之列。今即就楚帛書所見，述之如次。

（一）加偏旁

1. 加「邑」旁：歷來學者，大抵以加邑旁爲申明其爲國名或地名之義，此處帛書之國，卻泛指疆界而言，而非爲確定之邦國義。（詳第三章第四節之〈東國〉）如：

　　　　國（國）（〈天象篇〉四・21）。帛書云：「西國有吝，……東國有吝。」

2. 加「亻」旁：「長」加人旁爲表人之輩份用詞。此猶金文加土作倀，（見中山王嚳鼎），其云：「事孛如倀。」楚帛書之例爲：

　　　　倀（倀）（〈四時篇〉四・12）。帛書云：「倀曰：……二日：……。」

3. 加「土」旁：楚帛書中之文字，凡从阜之字，蓋皆增益「土」旁，知其字與土之關係密切。如：

　　　　陵（陵）（〈四時篇〉三・06）。帛書云：「山陵不疏。」

　　　　陀（陀）（〈天象篇〉二・06）。帛書云：「天陀（地）作羕。」

　　　　塗（荼）（〈宜忌篇〉十二月）。帛書云：「塗司冬。」帛書塗與《爾雅・釋天・月名》之十二月名「荼」同，唯增益「土」旁。（詳第七章第十二節）

4. 加「辵」旁：古文字增添「辵」旁，其於「行動」之義，常爲之加強。如：

　　　　遑（童）（〈四時篇〉五・20）。帛書云：「天旁遑（動）。」於〈天象篇〉八・20童（動）作童其文曰：「毋童（動）群民」，則未加「辵」旁。

　　　　退（退）（〈天象篇〉八・06）。帛書云：「寺（時）雨進退。」

〔註13〕關於文字爲區別其義而致之繁化手段，可參〈古漢字的形體結構及其發展階段〉，姚孝遂，《古文字研究》第四輯，北京：中華書局，1980 年 12 月第一版，頁 7〜39。

《說文》云：「㣤，卻也。从彳日夂。」〔註 14〕今帛書
增益「止（辵）」旁，行動之義益顯。

遉 （復）（〈宜忌篇〉六月）。帛書云：「其□其遉（復）。」
《說文》「复」字條，段注云：「彳部又有復，復行而复
廢矣。疑彳部之復乃後增字。」〔註 15〕段注所云甚是。
今「复」，帛書又增辵旁，行動之義益強。

5. 加「日」旁：楚帛書中，凡與四時、星辰、潮汐、時間相關之字，則常加
「日」旁。如：

㬢 （海）（〈四時篇〉三・14）。帛書云：「山川四晷。」

晨 （晨）（〈四時篇〉七・26）。帛書云：「風雨晨禕亂作。」

夂 （冬）（〈天象篇〉一・16）。帛書云：「春夏秋冬。」

辰 （辰）（〈天象篇〉一・23）。帛書云：「日月星晨。」另
見於〈天象篇〉七・27。帛書云：「星晨不冏。」

6. 加「口」旁：其意未詳，或云基於莊重、美觀之因素而爲裝點之用。〔註 16〕

青 （青）（〈四時篇〉五・24）。帛書云：「青木、赤木。」
其下「精」字（五・35）之青旁亦如是作。

梧 （梧）（〈天象篇〉二・10）。帛書云：「天梧將作湯。」

紀 （紀）（〈天象篇〉四・13）。帛書云：「是謂亂紀。」

匿 （匿）（〈天象篇〉六・12、七・06）。帛書云：「佳德匿
之歲」、「佳悖德匿」。於同篇五・14 之匿作**匿**，則不加
「口」旁。

繇 （繇）（〈天象篇〉十一・29）。帛書云：「帝將**繇**以亂逆
之行。」於同篇九・31 之繇作**繇**，則不加「口」旁。

丙 （丙）（〈宜忌篇〉一月）。帛書云：「壬子、酉子，凶。」

捈 （捈）（〈宜忌篇〉十月）。帛書云：「敚捈不義。」

（二）加羨畫

加羨畫，純粹爲文字之美觀、匀整所加之裝飾性筆畫，既非文字結構所

〔註 14〕同註 1，頁 77。
〔註 15〕同註 1，頁 235。
〔註 16〕請參〈戰國楚竹簡文字略說〉，馬國權，《古文字研究》第三輯，北京：中華
書局，1980 年 11 月第一版，頁 157。

需，亦非爲別義而設，是以與其字義無關。

　　中國文字自殷代起，便具有藝術之風味，殷、周甲骨文與金文，存有許多異常美觀之作品，但有意識地將文字作爲藝術品，或使文字本身藝術化與裝飾化，乃始於春秋時代末期。〔註17〕王筠《說文釋例》云：

> 古人造字，取其百官以治，萬民以察而已。沿襲既久，取其悅目，或欲整齊，或欲茂美，變而離其宗矣。其理在六書之外，吾無以名之，強名曰爻飾焉爾。〔註18〕

王氏此言，即指的是羨畫，所言甚是。於楚國，裝飾性筆畫之發展，可謂以春秋時期之鳥書爲極致，此類無關乎字義之羨畫，難能爲正統漢字所採用，是以其生命大多短暫，使用上亦多以地域性爲主。今楚帛書所可見者，蓋有二類：

1. 加「丿」：此蓋加於有右捺之筆畫上。如：
　　　　風，楚帛書作𡘳（〈四時篇〉一・31）
　　　　春，楚帛書作𢆉（〈天象篇〉一・13）
　　　　凡，楚帛書作𠘧（〈天象篇〉五・11）

2. 加「一」：此蓋加於橫畫、開叉筆畫之上，及開叉筆畫中有豎畫時，則加於豎畫上。〔註19〕
　　　　而，楚帛書作𠕋（〈四時篇〉二・17），加於橫畫之上（最上橫短畫）。
　　　　不，楚帛書作𣎴（〈四時篇〉三・07），加於橫畫之上（最上橫短畫），及開叉筆畫中之豎畫上（最下橫短畫）。
　　　　其，楚帛書作𠀠（〈四時篇〉三・22），加於橫畫之上（最上橫短畫）。
　　　　未，楚帛書作𣏟（〈四時篇〉三・32），加於開叉筆畫中之豎畫上（最下橫短畫）。
　　　　百，楚帛書作𤲃（〈四時篇〉四・33），加於橫畫之上（最上橫短畫）。

〔註17〕請參〈古代文字之辨證的發展〉，郭沫若，《考古學報》1972年第一期，頁6。
〔註18〕請參《說文釋例》卷五，王筠，文海出版社，頁219。
〔註19〕有關裝飾性橫畫，可參〈論戰國文字的增繁現象〉，林素清，《中國文字》新十三期，頁23。

坪，楚帛書作✦（〈四時篇〉五・06），加於橫畫之上（最上橫短畫）。

帝，楚帛書作✦（〈四時篇〉六・02），加於橫畫之上（最上橫短畫）。

奠，楚帛書作✦（〈四時篇〉六・11），加於橫畫之上（最上橫短畫）。

將，楚帛書作✦（〈天象篇〉二・11），加於橫畫之上（右上橫短畫）。

內，楚帛書作✦（〈天象篇〉二・33），加於開又點之上（中間橫短畫）。

下，楚帛書作✦（〈天象篇〉七・21），加於橫畫之上（最上橫短畫）。

正，楚帛書作✦（〈天象篇〉九・04），加於橫畫之上（最上橫短畫）。

福，楚帛書作✦（〈天象篇〉十・08），加於橫畫之上（最上橫短畫）。

祀，楚帛書作✦（〈天象篇〉十一・24），「示」字之上橫畫係羨畫，於同篇十二・25 之祭作「✦」，示字作「示」。

悟，楚帛書作✦（〈天象篇〉十一・26），加於橫畫之上（右上橫短畫）。

可，楚帛書作✦（〈宜忌篇〉二月），加於橫畫之上（最上橫短畫）。

丙，楚帛書作✦（〈宜忌篇〉一月），加於開又點之上。

師，楚帛書作✦（〈宜忌篇〉六月），加於橫畫之上（最上橫短畫），及開又筆畫中之豎畫上（最下橫短畫）。

侯，楚帛書作✦（〈宜忌篇〉十一月），加於橫畫之上（最上橫短畫）。

三、一字異體

楚帛書因係手寫體，是以文字之字形，隨書寫者之習慣而呈現不同之樣貌，不問不同書手寫同字之字形是否一致，即如同一書手，其於同篇作品中，

亦有同字異體之現象。此種現象一方面是由於列國之封建割據，民族雜處，言語異聲而產生；另一方面則是戰國時代，隨著社會變革，生產之發展，經濟、文化之繁榮及語言之發展，文字仍在不斷創造之中，其時又無強有力之政權以規範文字之統一，是以各行其是，一字異體之現象遂層出不窮。〔註20〕今即就楚帛書所見述之。

1. 「四」字：一作⬭（〈四時篇〉二‧13；三‧35；四‧10；四‧26；
　　　　　　　　五‧11；六‧08；七‧18）、（〈天象篇〉九‧05）。
　　　　　　　一作⬭（〈四時篇〉三‧13；六‧18）、（〈天象篇〉四‧06；
　　　　　　　　五‧32；八‧28）、（〈宜忌篇〉十月）。

2. 「繇」字：一作⬭（〈天象篇〉九‧31）。
　　　　　　　一作⬭（〈天象篇〉十一‧29），增益口旁。

3. 「童」字：一作⬭（〈四時篇〉五‧20），增益辵旁。
　　　　　　　一作⬭（〈天象篇〉八‧20）。

4. 「匿」字：一作⬭（〈天象篇〉五‧14）。
　　　　　　　一作⬭（〈天象篇〉六‧12、七‧06），增益口旁。

四、「＝」符

「＝」符，於傳世古文字之記錄中，諸如：金文、竹簡、帛書、璽印、石刻等，屢見不鮮。其最常見之用法爲作重文符。俞樾《古書疑義舉例》言及重文，約舉三條：一爲「以一字作兩讀例」，二爲「重文作二畫而致誤例」，三爲「重文不省而致誤例」。〔註21〕于省吾先生據以論證其是非得失，並進而探討周代金石銘刻及六朝隋唐古籍鈔本之重文，及因不知重文符而誤讀之例，突顯出辨認重文符之重要性。〔註22〕

「＝」符，除作重文符使用外，亦可爲合文符及連文符使用，近代學者林素清先生論述綦詳，〔註23〕今茲由楚帛書所（重文、合文）見，述之如下。

〔註20〕同註2，頁70。
〔註21〕《古書疑義舉例》，俞樾，世界書局印行，民國81年5月三版。「以一字作兩讀例」見頁12，「重文作二畫而致誤例」見頁62，「重文不省而致誤例」見頁62～63。
〔註22〕〈重文例〉，于省吾，《燕京學報》第三十七期，頁1～9。
〔註23〕〈論先秦文字中的「＝」符〉，林素清，中央研究院歷史語言研究所集刊，第五十六本第四分，民國74年12月出版，頁802～826。

（一）重　文

凡書寫時，有連續重複之字、詞或句時，爲書寫便利及避免重複相同之字、詞或句之故，遂以「＝」標於所重字之右下方，[註24] 此「＝」稱重文符。[註25]

《陔餘叢考》卷二十二〈重字二點〉云：

> 凡重字下者可作二畫……，重字皆二畫也，後人襲之，因作二點，今并有作一點者。[註26]

其所云之二點、二畫，蓋即指「＝」符。陳槃先生於〈漢簡賸義再續（增修本）〉之拾參云：「二橫畫表示疊字。」[註27] 其所謂二橫畫，蓋亦指「＝」符，疊字蓋指所重字而言。「＝」符作爲重文符使用，蓋將「＝」符列於所重字之右下方。其例則有單字而重者、複詞而重者及成句而重者之不同，[註28] 然其中以單字而重爲最常見。今見於楚帛書者有：

1. （夢夢）（〈四時篇〉一・22）。
2. （墨墨）（〈四時篇〉一・23）。
3. （弼弼）（〈四時篇〉一・26）。
4. （李李）（〈天象篇〉二・29）。
5. （殘文）（〈天象篇〉三・17）。此亦可能爲合文。

（二）合　文

漢字爲單音節之方塊字，基本上以一字爲一構形單位，但有時爲著某些因素，而將二個字合書於一起，形成二字爲一構形單位，而有著二個音節，此種書寫形式稱爲合文。

合文之始，可上推至殷商甲骨文。陳夢家先生於《殷墟卜辭綜述》，歸納甲骨卜辭合文之形式有四：其一爲「橫列的」，其二爲「逆列的」，其三爲「順列的（即上下相次的）」，其四爲「內含的（即內外相包的）」。[註29] 因著漢字書

[註24]「＝」作重文符使用時，其所標之位置因其材質爲金文玉石銘刻或古籍鈔本之不同而不同。請參註二十二，頁3。

[註25]「＝」符之或有或無，因時代之不同而不同。參同註二十三。

[註26] 文參《陔餘叢考》，趙翼，世界書局，民國67年4月四版，卷二十二，頁6。

[註27] 請參《漢晉遺簡識小七種》冊下，陳槃，中央研究院歷史語言研究所專刊之63，民國64年6月出版，頁113。

[註28]《漢簡叢說》，蘇琇敏，臺大碩士論文，民國68年6月，頁142。

[註29]《殷墟卜辭綜述》，陳夢家，北京：科學出版社，1956年，文見第二章第四節，

寫習慣以直式書寫爲常態，自西周以降，合文形式略見改變，即橫列式、逆列
式及內含式逐漸減少，順列式合文逐漸增多，〔註30〕於楚帛書中僅見及順列式
及橫列式合文，及至秦始皇統一文字，合文之現象蓋即消失。〔註31〕

「＝」作爲合文符使用，係將「＝」標於所合書下字之右下方。蓋可分
爲「借筆畫合文」及「不借筆畫合文」，今分述如下：

1. 借筆畫合文

所謂借筆畫合文，蓋指合書之二字於書寫時，合成一構形單位而有二個
音節，其間二字字形有相同或相近之筆畫，進而合其重出之部份而書之。其
見於楚帛書者，有：

（1）　　　　　（〈宜忌篇〉六月），爲「至于」之合文。至，楚帛書作　（〈天
　　　　　　象篇〉十二・16）、（〈宜忌篇〉一月）；于，楚帛書作　（〈宜
　　　　　　忌篇〉七月、十月）。至、于二字重出相同之筆畫「＝」（至字
　　　　　　末二畫、于字首二橫畫），書寫時，合此相同之筆畫而爲　，並
　　　　　　於「于」字右下方標以合文符「＝」，以示爲二字合文。

（2）　　　　　（〈四時篇〉三・02，唯下部已殘。〈宜忌篇〉七月）。爲「上
　　　　　　下」之合文。合「上」、「下」二字重出之橫畫而書之成　，
　　　　　　再於下字右下方益以合文符「＝」，以明示爲二字合文。

2. 不借筆畫合文

所謂不借筆畫合文，蓋指合書之二字，於書寫時，合成一構形單位而有二
個音節，且二字之筆畫，不因合書而有所改變，稱之。其見於楚帛書者，如：

（1）　　　　　人魚（〈四時篇〉一・17）爲「人」與「魚」合書甚明，於魚
　　　　　　字右下方益「＝」符，以示爲二字合文。此例爲橫列式合文，
　　　　　　楚帛書僅此一例，餘皆爲順列式合文。

（2）　　　　　日月（〈四時篇〉三・34、四・35、七・02、七・32。〈天象篇〉
　　　　　　一・21、四・25、七・23、七・30）帛書日作　（〈四時篇〉

頁 81。

〔註30〕 同註 23，頁 803。

〔註31〕 合文至秦始皇統一文字後，基本上已消失，其因蓋漢字要求一個構形單位表
　　　　示一個音節，但合文卻表示二個音節，不符合漢字之要求，加以合書之字，
　　　　其字形不符合漢字爲方塊字之要求，是以隨著文字之化歸而合文漸次減少，
　　　　直至秦始皇統一文字，合文現象就基本上消失了。或可參〈兩周金文數字合
　　　　文初探〉，楊玉銘，《古文字研究》第五輯，頁 142。

七·10），月作 🌙（〈天象篇〉一·05、二·34、三·20、三·27、三·29、四·07、四·09、六·25）日、月合書而筆畫不變，於合書字「月」之右下方益以「＝」符，以明其爲二音節之合書字。

（3）古　　七日（〈天象篇〉三·01），楚帛書「十」作「｜」（〈四時篇〉七·09），知「十」爲「七」字。七、日合書而二字筆畫不變，於合書「七」字之右下方益以「＝」符，以明示之。

（4）🌙　　一月（〈天象篇〉三·25）爲一、月之合文甚明，唯不見合文符「＝」，疑爲書手忽略所致。

楚帛書文字之特色，略舉如上，其間有爲使意義明確精準而致之繁化、爲便利於書寫而致之簡化、甚而有爲文字之美觀勻整而加無關乎字義之羨畫，又有以二字合書成一構形單位之合文，間分爲借筆畫與不借筆畫合文，名目甚夥。由此當可推知六國「文字異形」之因，與六國古文「號稱難懂」之由矣。

五、標識號 ▬ ▢

楚帛書於中間正反兩篇文章〈四時篇〉、〈天象篇〉，均由三塊扁紅色方框截分爲三段（二個置於文中，一個置於文末），分段處並不提行另起，蓋爲分段暨表段落結束之章節號。與楚帛書同坑出土之楚殘帛書，〔註32〕後歸商承祚先生收藏近半世紀，直至一九九二年，其子方於《文物》發表殘帛照片及商氏自摹本。〔註33〕今視商氏摹本（照片不清，故以摹本爲主），於編號1.3.4等三塊有

〔註32〕殘帛書之記載，於《晚周繒書考證》已發其端，其云：「近年長沙廣闢土地，附槨一帶，周秦陵墓，多被掘發，此項晚周繒書墨跡，即發現於東郊晚周木槨墓中，書用竹笈貯藏，折疊端正，惜出土時，土人不知愛護，致被損壞過半，故笈內殘繒斷片甚多，獨此書獨完整無闕，尚可展視。」文見《晚周繒書考證》，蔡季襄，藝文印書館，民國61年6月初版，〈繒書考證〉頁1。

〔註33〕殘帛書之照片爲文物出版社於1964年拍攝（黑白照片）；摹本爲商承祚自摹，請參〈記商承祚教授藏長沙子彈庫楚國殘帛書〉，商志𩇕，《文物》1992年第十一期，頁32～33，再轉頁第35。此文之殘帛書，當爲蔡季襄於〈繒書考證〉中所云「殘繒斷片甚多」之楚帛書。商承祚於〈戰國楚帛書述略〉云：「還有些殘帛書，徐楨立生前曾拿出給我看過，從殘帛斷片了解內容，仍是些占辭術語。據徐老先生說，是得自蔡季襄手中的一部份。因此，我頗疑是那張匣上的覆帛殘片粘連在匣面而蔡氏將之揭存。殘帛文字清晰可辨，有朱欄和墨欄兩款，字皆寫入欄內，字大於此帛書，從欄色不同，知有兩張。」文見《文物》1964年第九期，頁9。今商承祚收藏之楚殘帛書，亦爲朱、墨界欄兩款，

朱界欄之殘帛上，亦各標以分段之塡實扁方框（圖一），其用法當與楚帛書同。

環繞帛書四周之〈宜忌篇〉，其十二段文字，均於最末標以扁空方框，蓋爲表示結束之章節號，此種扁方框又見於信陽楚簡，亦置於每段之末，標示該段之終結。

同樣出現於楚帛書上，又同爲表示結束之標識號，何以一爲塡實之紅色扁方框，一爲黑色空扁方框？蓋塡實之紅色扁方框，當負起醒目之作用。於墨書文字中，若以黑色空扁方框爲分段之標識號，實不夠顯眼，加以扁方框之形狀，易與文字相混，是以於文中之分段標識扁方框，實以紅色，以昭顯耳。至於〈宜忌篇〉十二段文章章末所標之黑色空扁方框，以其只標於文章最末，縱未實以紅色，亦甚瞭然，是以以黑色空扁方框爲之。

楚帛書以塡實紅色及黑色空扁方框爲標識號，其前代實例尚未之見。然其後之竹簡，於空方框之使用，尤以漢代之竹簡，則頗爲習見，如武威漢簡以空方框代表一章之開始，〔註34〕居延漢簡更以空方框爲標點使用。〔註35〕

標識號之使用，除上舉之方框外，於楚簡如包山簡、〔註36〕信陽簡等，〔註37〕實已發現句讀之使用。及至漢代，竹簡文字中之符號更爲繁雜，〔註38〕即以《武威漢簡》而論，其間之標識號，蓋有如下數種：

　◨　扁方框，附篇號，在簡端。

　●　大圓點，附篇號，作用同於扁方框。在簡端。在簡端的中圓點作用同於大圓點，即章號。

　•　中圓點，章句號。其在簡端而其前一簡未足行而已完章留空白者，爲章號。其在簡行之中兩字之間只佔一字地位者爲句號或節號。

知爲與楚帛書同坑出土者。

〔註34〕請參《武威漢簡》，中國科學院考古研究所、甘肅省博物館編，文物出版社，1964 年 9 月第一版，〈敘論〉頁 70。

〔註35〕請參《漢晉遺簡識小七種》，陳槃，中央研究院歷史語言研究所專刊之 63，民國 64 年 6 月出版，〈漢晉遺簡偶述〉頁 1。

〔註36〕請參《包山楚墓》，湖北省荊沙鐵路考古隊，文物出版社，1991 年 10 月第一版，所附圖版。

〔註37〕請參〈我國考古史上的空前發現、信陽長台關發掘一座戰國大墓〉，河南省文化局，文物工作隊第一隊，《文物參考資料》1957 年第九期，所附圖版摹本。

〔註38〕請參《漢簡文字研究》，徐富昌，台大碩士論文，民國 73 年 5 月，〈第五章，漢簡文字之符號〉。另可參〈從木簡到紙的應用〉，勞榦，《圖書印刷發展史論文集》，喬衍琯、張錦郎編，文史哲出版社，民國 71 年 9 月校訂初版，頁 112～113。

。　　圓圈，章句號。作用同於中圓點。

▲　　三角形，章句號，作用同於中圓點。

‧　　小點，題目號。篇題及尾題上多有此小點。

＝　　重文號，在所重之文下。

「」括弧，刪略號。唯見士相見第十一簡「慈錫」二字上下括之，乃刪
　　去者。

」　　鉤，鉤識號。其例有三：一、相當於句讀。二、鉤識某一章句。三、
　　作爲平列重文名詞的間隔。

、　　頓號。其作用略同於鉤識。

儿　　僅見有司第二十簡「延末」字下，似是讀書記號。

以上所述，重文號以前爲繕寫者所作，餘爲誦習者所作。〔註39〕蓋知
其時標識號之使用非書手所獨有，誦習者亦有誦習時之專用符號。僅武威漢
簡即有十一種標識符號，是知其時標識號之盛行。東漢許慎方於眾多之標識
號中，取其常用者編入《說文解字》中，如：五上「▮」部云：「▮，有所絕
止。▮而識之也。」〔註40〕又十二下「」」部云：「乚，鉤識也。从反」。」
〔註41〕其後歷代或因之或變之，約至宋代時，因雕版印刷盛行，方出現「。」
與「，」，至明代出現人名號、地名號，及至近代，我國知識界吸收國外之
標點符號，於是方出現我國之標點符號系統。〔註42〕

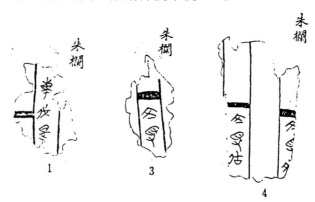

圖一　楚殘帛圖

〔註39〕以上之標識號，擇錄自同註三十四，頁70～71。

〔註40〕同註1，頁216。

〔註41〕同註1，頁639。

〔註42〕《中國文化知識精華》，湖北人民出版社，1989年2月第一版，頁670。

第二節　楚帛書之價值

一、推進帛書始用期之實物證明

　　書帛之使用，始於何時，於今實難斷定。於殷墟甲骨文已見與絲帛有關之字，〔註43〕近人李書華先生更發現殷墟所出銅器，其間復有縑帛粘附之痕跡，〔註44〕是知殷商時已有縑帛之制。然其時是否已具書帛之能力？中國新石器時代之「陝西臨潼姜寨遺址」、「河南鄭州大河村遺址」、大溪文化之「大溪遺址」及馬家窰文化之「上孫家遺址」等，最晚者爲西元前二九〇〇年前物，所出土之彩陶，其上之紋飾、繪畫，疑爲毛筆寫繪之跡〔註45〕（圖一）。及至商代，毛筆已爲主要書寫工具，於商代遺留下來之甲骨、玉、石、陶等類物品上之少量文字，清楚地知爲毛筆所書。〔註46〕（圖二）筆墨之作既早於殷商，而殷商又已有縑帛之制，是知其時已具備書帛之能力，唯縑帛價昂，其時是否已用於書寫，則不可得知。今考以帛書寫之傳，或謂起於秦漢間，〔註47〕此說之不確，可以王國維之論非之，王氏之論書帛，其云：

〔註43〕請參《甲骨文編》，考古學專刊乙種第十四號，中國社會科學院考古研究所編，中華書局出版社 1965 年 9 月第一版，頁 269 載「桑」字、頁 336 載「帛」字、頁 507 載「絲」字，由頁 505～507 爲載許多從「糸」之字。

〔註44〕請參〈紙發明以前中國文字流傳工具〉，李書華，《大陸雜誌》第九卷第六期，頁 165〈一、甲骨〉及頁 168〈四、縑帛〉。

〔註45〕這些圖片轉印自《中國大百科全書》（考古學），中國大百科全書總編輯委員會《考古學》編輯委員會、中國大百科全書出版社編輯部編，中國大百科全書出版社，1986 年 8 月第一版，圖片見彩色圖片頁 9、頁 11、頁 16，另見黑白圖片頁 304。

〔註46〕請參《文字學概要》，裘錫圭，商務印書館，1988 年 8 月第一版，頁 42。於甲骨見毛筆書寫之跡，可參〈甲骨學五十年〉，董作賓，《大陸雜誌》第一卷第三期，頁 2。於陶片見毛筆書寫之跡，可參〈殷代的宮室及陵墓～殷墟的開發，甲骨學五十年（四）〉，董作賓，《大陸雜誌》第一卷第九期，頁 15。於玉片見毛筆書寫之跡，可參〈中國文字書寫工具探原（下）〉，蘇瑩輝，《大陸雜誌》第十五卷第八期，頁 268。

〔註47〕請參《雲麓漫鈔》卷七，南宋趙彥衛，新文豐出版股份有限公司，民國 73 年 6 月初版，頁 190，其云：「上古結繩而治，二帝以來始有簡策，以竹爲之而書之以漆，或用版以鉛畫之，故有書刀鉛槧之說。秦漢末用縑帛，如勝廣書帛內魚腹，高祖書帛射城上，至中世漸用紙。」於《本草綱目》（冊三）卷三十八器部〈紙〉，清李時珍，中國書店出版，1988 年 5 月第一版，頁 38，其云：「古者編竹炙青書字，謂之汗青，故簡策字皆從竹。至秦漢閒，以繒帛書事，謂之幡紙。」

帛書之古見於載籍者，亦不甚後於簡牘。《周禮・大司馬》：「王載太常，（中略）各書其事，與其號焉。」又〈司勳〉：「凡有功者，銘書於王之太常。」〈士喪禮〉：「爲銘，各以其物（注雜帛爲物），亡則以緇，曰某氏某之柩。」皆書帛之證。《墨子・明鬼篇》：「古者聖王必以鬼神爲其務，又恐後世子孫不能知也，故書之竹帛，傳遺後世子孫。咸恐其腐蠹絕滅，後世子孫不得而紀，故琢之盤盂，鏤之金石，以章之。有（畢注：當爲猶，國維案有即又字。）恐後世子孫，不能敬若以取羊，故先王之書，聖人一尺之帛，一篇之書，語數鬼神之有也，重又重之。」《墨子》之書，雖作於周季，然以書竹帛稱先王，則其來遠矣。《晏子春秋》七：「昔吾先君桓公予管仲狐與穀，其縣十七，著之於帛，申之於策，通之諸侯。」《論語》：「子張書諸紳。」《越絕書》十三：「越王以丹書帛。」《韓非子・安危篇》亦云：「先王致理於竹帛。」則以帛寫書，至遲亦當在周季。〔註48〕

王氏之論甚確。今楚帛書一物，於本文第三章業已推判爲戰國中晚期物，則以帛書寫之制，又有實物上之證據矣。

據《晏子春秋》外篇第七之二十四云：「景公謂晏子曰：『昔吾先君桓公予管仲狐與穀，其縣十七，著之於帛，申之於策，通之諸侯。』」〔註49〕此說若可靠，則於西元前七世紀（春秋）齊桓公時，已有書帛之制。殷商絲綢之盛，除上舉李氏發現粘附於該時銅器之殘帛遺痕外，於其它出土實物及載籍，亦充分說明殷商時之紡織技術已相當進步而已有縑帛之制。〔註50〕是以竊疑以帛書寫或可上推至殷商。以其時已具備書帛之客觀條件（筆、墨、縑帛已具），唯絲帛一如其它絲織品一般，於地下頗難保存，是以於考古發掘中尚未見及殷商絲帛，日後考古或能有所發現，亦未可知。

總之，今楚帛書之出土，除可證知於晚周已有書帛之實物外，於帛書始用期，又確切地往前推進一步矣。

〔註48〕 〈簡牘檢署考〉，王國維，文見《圖書印刷發展史論文集》，喬衍琯、張錦郎編，文史哲出版社民國71年9月校訂初版，頁535。

〔註49〕 《晏子春秋》，上海涵芬樓借江南圖書館藏明活字本景印，四部叢刊，文參外篇第七之二十四，頁83。

〔註50〕 請參《中國古代書史》第六章〈帛書〉，錢存訓，藍燈出版社，民國76年9月初版，頁105～107。

二、證明直式左行之書寫習慣

中國古代之書寫，以直式書寫爲習慣。此殆與竹簡之書寫方式有相當大之關係。竹簡之使用於書寫文字，由來久遠。甲骨文有「典」、「冊」等字，金文亦有「冊」字，是知殷與西周已有簡冊之制。〔註51〕《尙書‧多士》云：「唯殷先人，有冊有典。」〔註52〕是知以竹簡書寫，已有相當之年代，而竹簡之書寫方式，以其爲長條狀，故以直式書寫爲慣技，歷來出土之竹簡無一例外，即其明證。及至後代以縑帛、金石刻銘文、紙爲紀錄材料，亦均以直式書寫爲常法。

然同爲直式書寫，又有「由左及右」及「由右及左」等二種不同之方式，究以何者爲傳統？觀之出土實物，蓋已可證知以直式且爲「由右及左」之方式爲書寫常態。此方式除受竹簡書寫習慣之影響外，當亦受星象旋轉所左右，前述僅限於規矩式之寫法，亦即純粹以由上及下、由右及左之作品爲主。若涉及旋轉狀之作品，該如何啓讀？《漢書‧天文志》云：「天文以東行爲順，西行爲逆。」〔註53〕中國古來對於星象之觀測，頗爲久遠。〔註54〕即如顧炎武所云：「三代以上，人人皆知天文。」〔註55〕即以楚帛書〈天象篇〉而言，亦爲有關星象之作品。

楚帛書〈宜忌篇〉採取環繞方式，以十二段文字佈居於帛書四周，今以天文東行爲順，西行爲逆觀之，則帛書〈宜忌篇〉十二段文字當採左旋即右行爲主。前曾論及〈宜忌篇〉章題首字，與《爾雅》十二月名相同。以《爾

〔註51〕《說文解字注》，許愼撰、段玉裁注，黎明文化事業股份有限公司，民國 80 年 8 月增訂八版。頁 86「冊」字云：「𠕋，符命也，諸侯進受於王者也。象其札一長一短，中有二編之形。」其古文冊從竹。頁 202「典」字云：「𠔜，五帝之書也。从冊在丌上，尊閣之也，莊都說：『典，大冊也。』」古文典亦從竹。是知典、冊均爲竹制。按甲骨文典、冊字均象簡編之形，爲眾所熟習之事，此不贅。

〔註52〕《尚書》，十三經注疏本，藍燈出版社，頁 238。

〔註53〕《漢書》（冊三）中華書局據武英殿本校刊，四部備要，文見卷二十六〈天文志〉頁 24。

〔註54〕由考古發掘知中國最早之天文文物，當以五千年前仰韶文化彩陶上所繪之太陽紋圖案爲最。於《尚書‧堯典》中更記載帝堯時已設有專業之天文官，如：「分命羲仲，宅嵎夷，曰暘谷，寅賓日出，平秩東作。」敘述羲仲於嵎夷、暘谷一帶專事祭祀日出，以利農耕事，知我國於星象之觀測由來已久。

〔註55〕《日知錄》，顧炎武，文史哲出版社，民國 68 年 4 月出版，文見卷三十〈天文〉頁 855。文史哲以《原抄本顧亭林日知錄》發行，黃季剛、張溥泉校記。

雅》月名「始陬終涂」觀之,〈宜忌篇〉十二段文字亦採左旋,正與天文順逆同,是知中國古代之書寫習慣,除受竹簡直式書寫影響外,當亦與天文順逆有關,〔註56〕楚帛書三篇文章即其明證矣!

三、協助古史與楚文化史之重構

有關祝融之傳說,自戰國以來言月令者,莫不以祝融配炎帝以爲其佐,并爲南方之主司。《左傳・昭十七年》言郯子說五紀之帝,以炎帝爲火師。〔註57〕《禮記・月令》以炎帝爲南方帝,祝融爲南方神。并爲代表南方。〔註58〕今楚帛書正南方五月三首神像,經饒宗頤考證爲祝融,已爲學術界認同。楚人以南爲上,並以祝融爲先祖,說已見第四章第四節。又出土楚竹簡以祝融爲祭禱之對象,居於老童之後,〔註59〕是知楚人對祝融崇敬之篤。楚帛書〈四時篇〉云:「炎帝乃命祝融,以四神降……。」亦以祝融爲炎帝之佐神,同上文籍所載。

楚帛書〈四時篇〉又言及共工,見諸載籍之共工,如《淮南子・天文篇》云:

> 昔者共工與顓頊爭爲帝,怒而觸不周之山,天柱折,地維絕。天傾西北,故日月星辰移焉;地不滿東南,故水潦塵埃歸焉。〔註60〕

〈兵略篇〉又云:

> 共工爲水害,故顓頊誅之。〔註61〕

《史記・楚世家》云:

> 楚之先祖,出自帝顓頊高陽。高陽者,黃帝之孫,昌意之子也。高陽生稱,稱生卷章,卷章生重黎。重黎爲帝嚳高辛居火正,甚有功,

---

〔註56〕 李零於論馬王堆漢墓之神祇圖時云:「中國古代的書寫順序與天文順逆有關。」其說不知是否前有所本,然以楚帛書三篇文章證之,確無疑義,是知此論之可信。而楚帛書又爲歷來出土實物中確能證之者,則此又爲楚帛書添一寶貴之價值矣。李零文爲〈馬王堆漢墓〝神祇圖〞應屬辟兵圖〉刊於《考古》1991年第十期,頁941。

〔註57〕 《左傳》,十三經注疏本,藍燈出版社,頁835。

〔註58〕 《禮記》,十三經注疏本,藍燈出版社,頁306。

〔註59〕 《包山楚簡》(冊下)二一七簡云:「舉禱楚先老童、祝融、鬻熊各一样。」請參《包山楚墓》,湖北省荊沙鐵路考古隊,文物出版社,1991年10月第一版,請參圖版一八六。

〔註60〕 《淮南子》,上海涵樓景印劉泖生影寫北宋本,四部叢刊,頁18。

〔註61〕 同註58,頁110。

能光融天下，帝嚳命曰祝融。共工氏作亂，帝嚳使重黎誅之而不盡。

〔註62〕

上述三說大抵以共工爲反面人物，然楚帛書〈四時篇〉云：「共工夸步，十日四時。」視共工爲正面人物，則與上載籍相左，顯爲二不同之系統。查證載籍，以共工與祝融聯繫，且未被視爲反面人物者，見於《山海經‧海內經》，其云：

炎帝之妻，赤水之子聽訞生炎居，炎居生節並，節並生戲器，戲器生祝融，祝融降處于江水，生共工，共工生術器，術器首方顛，是復土壤，以處江水。共工生后土，后土生噎鳴，噎鳴生歲十有二。〔註63〕

《山海經》以炎帝——祝融——共工爲序，與楚帛書之敘述順序同，且以共工爲正面人物，不同於一般載籍，知爲二不同之系統。

總之，由楚帛書可以確知祝融爲炎帝之佐神，與載籍相同。並以共工爲正面人物，則與傳世載籍以共工爲反面人物相左，借此正可作爲重構古史與楚文化史之最佳實物材料。

四、反映戰國楚縑帛繪畫之概貌

於傳世載籍中，雖可見及有關先秦繪畫藝術之記載，〔註64〕然於實物中保存至今者，卻不多見，尤以縑帛爲然。直至一九三八年楚帛書被盜掘出土，有關戰國時期楚國之繪畫，方益添一實物上之證據。此帛書亦爲我國目前發現最早繪於縑帛上之實物。其有關繪畫者，爲見於環繞帛書四周之十二神像及帛書四隅之四木。由此十六圖像，蓋可窺見戰國時期楚國於繪畫上所呈現之樣貌，約可歸爲：

〔註62〕《史記會注考證》，瀧川龜太郎，宏業書局，民國76年7月再版，頁630。
〔註63〕《山海經校注》，袁珂，上海古籍出版社，1980年7月第一版，頁471。
〔註64〕記載先秦繪畫藝術之載籍有：《韓非子‧外儲說左上》記載客爲周君畫筴之故事及客爲齊王畫，而齊王問畫者，畫孰爲難、爲易之譬喻。請參《韓非子》上海涵芬樓藏黃蕘圃校宋本，四部叢刊文見卷十一第三十二，頁57；見於《莊子》者，爲敘述宋元君召喚畫者繪畫時之情形；見於《孔子家語‧觀周第十一》者，記載孔子於東周明堂觀看壁畫之情形。請參《孔子家語》上海涵芬樓借江南圖書館藏明繙宋本景印，四部叢刊，文見卷三，頁29～30；見於《楚辭章句‧天問序》者，爲敘述屈原遭放逐時，見楚先王之廟及公卿祠堂，圖畫天地山川神靈琦瑋僪佹，及古賢聖怪物行事之圖畫，以作〈天問〉之由。請參《楚辭》上海涵芬樓借江南圖書館藏明繙宋本景印，四部叢刊，文見卷第三〈天問章句〉頁47。

（一）以線條勾勒為主，寫意為輔

帛書十二神像及西南隅之白木等十三圖，均使用毛筆以單一線條勾勒出具體形像。其餘分處三隅之青木、赤木、黑木，則以寫意法為之（白木，蓋因帛色白，難以顯出其形，故以勾勒法爲之）。顯示先秦楚國之繪畫，爲以線條勾勒爲主發展，而輔之以寫意法。

（二）以平塗設色，無立體感

除青木、赤木、黑木等三木以寫意法施繪外，餘均以平塗法設色（顏色以朱、棕、青爲主），圖像較單調而無立體感。然於同坑出土之「人物御龍帛畫」，〔註65〕已出現渲染手法，證知楚繪畫藝術已走向使用能表現立體感之方向了。

（三）以平面直視作畫

楚帛書之作者，其所繪圖蓋以平面直視爲之，故只見正面，凡重疊於正視面物象之後者，皆省去不畫。如二月之四首二鳥身神像，其鳥足分配以一鳥身一足爲之，然此神像當有四鳥足。唯鳥身，繪者採側視繪之，以平面直視法觀之，則其後之鳥足與前足重疊而隱去，故四足僅繪二足。再如七月神像，首部採正視繪法，身、手則採側視繪之，以平面直視法觀之，則雙手重疊而隱去一手，故僅畫一手。又如十月神像，繪者以側視爲之，其足當有四，唯以平面直視作畫，其後二足爲前二足所隱去。是知其時之繪法，當以平面直視爲主，而尚無三度立體空間之概念。〔註66〕

（四）、多變之技法與豐富之藝術想像力

《韓非子·外儲說》云：

> 客有爲齊王畫者，齊王問曰：「畫孰最難者？」曰：「犬馬難。」「孰易者？」曰：「鬼魅最易。夫犬馬，人所知也，旦暮罄于前，不可類之，故難。鬼神，無形者，不罄于前，故易之也。」〔註67〕

〔註65〕〈長沙楚墓帛畫〉（人物御龍帛畫），文物出版社，1973年出版，無頁碼。

〔註66〕關於戰國時楚國以平面直視法作畫，其證尚可見於與楚帛書同坑，而於1973年5月出土之「人物御龍帛畫」。其荷蓋當有置穗帶，唯荷蓋爲圓形，故第四根穗帶因平視作畫之故，遂與畫面中間之穗帶重疊，故即隱去不畫，故四穗帶僅繪其三。可參〈關於子彈庫楚帛書的幾個問題〉劉信芳，《楚文藝論集》，湖北省文聯、湖南省文聯、中國藝術研究院文藝研究編輯部合編，湖北美術出版社，1991年12月第一版，頁113～114。

〔註67〕《韓非子》上海涵芬樓藏黃蕘圃校宋本，四部叢刊，文見卷十一第三十二，

誠如畫者所言，鬼魅以其無形，不罄於前之故，故易畫。然繪無形之物，非得有豐富之想像力不可，今視帛書十二神像，形具殊異，是知其時畫師藝術想像力之豐富。另觀其繪法，有以正視、側視，甚至身首以不同觀視法為之，益知畫師繪法之多變。〔註68〕

五、校正文字形構，釐清文字演變之跡

　　楚帛書，為戰國中晚期楚國之實物。其文字雖奇古，卻真真實實地使用於當代。戰國之古文字，非可一時一地創造而出，當前有所承襲，於其後之文字，亦當有所開展，以之為關鍵，不難為文字建構一條演變之跡。加以文字之造，有其基本形構與初始之本義，其後因著社會發展及其它諸多因素，致使文字形構一變再變，甚而本義亦難由形構求得。今古文字之出，即具有校正後代文字形構之作用，楚帛書所載文字亦然。今舉例略述如下：

　　朝，楚帛書作🦴（〈四時篇〉八‧06），金文作🦴（盂鼎）、🦴（矢方鼎）、🦴（朝訶右庫戈）、🦴（陳侯因�錞），均象从日在艸中，旁有流水之形。今《說文》七上云：「🦴（朝），旦也。从倝，舟聲。」，〔註69〕以帛書「朝」字較《說文》，因帛書朝字之水形「🦴」與「舟」字形近，是以秦篆訛作「舟」，舟、朝又聲近，《說文》遂解朝字為從「舟聲」，是知《說文》朝字之從舟為從水之形訛明矣！及至今日，朝字又由秦篆之「舟」再訛作「月」。如此一訛再訛，已難窺見朝字造義時之形構。今楚帛書有朝作「🦴」，則後代朝字形構之訛變，蓋可據以訂正矣。

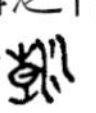

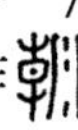

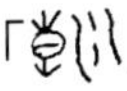

　　是以研討楚帛書之文字，非但可校正文字之形構，藉此亦可為文字建構一條演變之跡。

六、呈現楚書法之面貌

　　書法之作，筆雖為一大關鍵，然書寫素材亦為一甚具影響力之因素。璽印文字為屈就於一方印內，常省簡筆畫或合書之，或為補足空白而改變結體、

　　頁57。
〔註68〕 十二神圖，以正視畫法為之者，如：三、四、五、六、九、十一、十二月等神像；採側視畫法者，如：八、十月等神像；首採正視而身採側視畫法者，如：一、二、七月等神像。
〔註69〕 《說文解字注》，許慎撰、段玉裁注，黎明文化事業股份有限公司，民國80年8月增訂八版，頁311。

增加羨畫；竹簡文字則屈限於竹條，兩旁不易書寫，因之而使得書寫形態，或頎長或扁側，不盡相同。楚帛書之出，於楚書法之用筆、字形結體，因不受書寫範圍所囿，故能一目瞭然。觀整帛文字，結體勻整，行款甚爲整齊，佈局疏落有致，知爲苦心經營之作，爲楚人出土書跡之所少見。

帛書文字之用筆，其橫畫大抵中間鼓起，兩端稍垂，整筆言之稍斜右上。其起筆蓋先頓筆（頓筆以藏鋒、露鋒間用），再行運筆。收筆則採勾勢及虛收筆爲主。由整體觀之，尚未見及一平直之橫畫。帛書之直筆，起筆蓋以藏鋒爲主，收筆則垂針、垂露俱見。整筆言之，蓋顯右凸而上下稍縮。就帛書文字觀之，其直、橫、斜、弧筆畫，均具波磔，行筆時側鋒、中鋒併用。字形結體秀逸靈動，字體之穩定性，則又於俯仰筆畫之間，取得相當平衡之擺置，實爲楚書法之最可寶貴者，爲呈現楚書法面貌之最佳實物。〔註70〕

圖一之一　陝西臨潼姜寨遺址出土

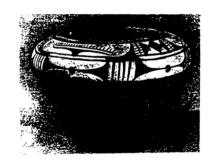

圖一之二　河南鄭州大河村遺址出土

〔註70〕有關楚帛書書法方面之論著，可參〈長沙戰國楚帛書的書法〉，林進忠，《臺灣美術》第二卷第 2 期，頁 45～50。

圖一之三　　大溪文化之大溪遺址出土

圖一之四　　馬家窯文化之上孫家遺址出土

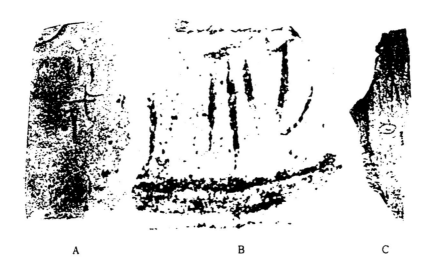

A　　　　　　　　　　B　　　　　　　　　C

圖二　　商代毛筆寫繪之跡

第三節　研究成果及未來展望

一、研究成果

　　論文之具有眞價値者，非得有較前人更進一步創新、突破之處不可。自忖本論文並無豐碩成果可言，僅有少數幾處異於前人之淺見，然諸此異論，實根基於前人研究之成果所發展而來。

　　帛書土以來，懸疑未決之異論甚多，前輩學者所論，或同或異，故筆者就前輩學者所發表之論文，於「同中求其異」，再加以深入追求原委；於「異中求其同」，以確立眞實可靠之資料，並佐以近幾十年來考古發掘所發表之報告。因之得出幾處異於前人研究之結論，或於前人研究之結論上更加精細化。凡此種種，皆得之於前輩學者及考古挖掘者之努力，所以，與其說是本論文之成果，毋寧說是大眾之功勞。

　　今謹按本論文研究之所可表者，依次拈出鄙見（論證細節請參各章正文）：

第一章　　〈緒論〉

第二章　　〈楚帛書概述〉

　　楚帛書因係出於盜掘，是以有關其出土之情形，盜掘者往往密而不宣，甚者隨意假造，致使異說紛陳，莫衷一是。以帛書出土年代爲言，即有八種不同之說法，前輩學者或先後相因，或提而未論，致使後學難以從中得到正確之訊息。筆者即據商承祚於民國二十六年所作之《長沙古物聞見記》〔註71〕一書中所載之〈自敍〉、〈楚墓五則〉、〈銅劍〉及〈繒〉、〈帛〉，與蔡季襄之《晚周繒書考證》〔註72〕一書所載之〈自序〉、〈繒書考證〉、〈繒書墓葬〉、〈長沙蔡烈婦傳〉、〈銅劍〉及帛書寫本等反覆比勘，推得※「楚帛書出土之年代爲民國二十七年商承祚進入四川之後，蔡季襄離開長沙之前。」

　　至如帛書出土之地點、墓葬結構及流外之經過等等，亦眾說紛紜。筆者據諸前輩學者所論，以論其是非。其間之發現，尤以楚帛書出土後之歸藏最值得一提。楚帛書出土後之歸藏及流外之說法，大抵有六說。其中大抵以楚

〔註71〕《長沙古物聞見記》，商承祚，文海出版社，此書作於民國 26 年，於民國 28 年出版，文海出版社於民國 60 年 12 月，依民國 28 年原刊本景印。

〔註72〕《晚周繒書考證》，蔡季襄，民國 33 年石印本，藝文印書館於民國 61 年 6 月影印石印本，爲今行世之本。

帛書出土首歸唐鑑泉。然筆者據商承祚之〈戰國楚帛書述略〉〔註 73〕所述有
關求取帛書之情狀、蔡季襄之〈繪書考證〉所述帛書出土亦雜有殘片，唯帛
書獨完整尚可展視〔註 74〕、日人林巳奈夫之〈長沙出土戰國帛書考〉〔註 75〕
所附之透明殘帛書描摹紙，及於《文物》發表之殘帛書照片〔註 76〕發現，※
「唐鑑泉所得之帛書，爲楚殘帛書，而非爲前輩學者所云之完整楚帛書（即
今流落美國者），其確切首藏者當爲『蔡季襄』」。此除訂正以往諸說之誤外，
亦爲楚帛書之出土、流外及館藏，建立一新架構。今簡標流程如下：

> ※楚帛書於一九三八年商承祚入蜀之後，蔡季襄離開長沙之前出
> 土，旋歸蔡季襄（案：或言首歸唐鑑泉，不確。唐氏所得之帛書，
> 當係指別於完整楚帛書之其他朱欄、墨欄等楚殘帛書。）

→ 一九四六年蔡季襄將楚帛書帶至上海，旋由美人柯克思攜往美
國。首先存於耶魯大學圖書館，繼入藏佛利爾美術館。

→ 一九五五年存於耶魯大學藝術博物館。

→ 一九六三年存於耶魯大學圖書館，被借至紐約大都會博物館展
覽。

→ 一九六四年楚帛書歸戴潤齋先生。

→ 一九六六年楚帛書歸沙可樂先生。

→ 一九六六年至一九七九年，物主仍爲沙可樂，楚帛書寄孝於紐約
大都會博物館。

→ 一九七九年至一九九○年，楚帛書存放於沙可樂美術館。

→ 一九九○年以後，楚帛書若無更置他所，則現今當仍存放於沙可
樂美術館。

第三章 〈楚帛書國別、年代之推判〉

對於楚帛書之歸屬（何時、何地之實物），昔前輩學者所述，大抵以楚帛
書爲戰國早、中期或中、晚期之實物，然均囿於一偏而言，甚者因襲往造舊
說，提而未論。有鑑於此，是以筆者由各方面可得之資料，結合考古、載籍

〔註 73〕〈戰國楚帛書述略〉，商承祚，《文物》1964 年第 9 期，頁 9。

〔註 74〕同註 72，文見〈繪書考證〉，頁 1。

〔註 75〕〈長沙出土戰國帛書考〉，林巳奈夫，《東方學報》（京都）第三十六冊第一分，
昭和三十九年十月（1964 年 10 月）。

〔註 76〕〈記商承祚教授藏長沙子彈庫楚國殘帛書〉，商志䁔，《文物》，1992 年第 11
期，頁 33 及圖版肆。

以論證之。首由出土楚帛書之墓葬結構，與湖南地區之墓葬群比對，且進一步由棺束、壁龕、陶禮器之器形及組合等加以比勘，再證以泥金版、長沙沿革及湖南楚墓之特徵、分佈與帛書本身文字所載之內容等等，進而推判出※「楚帛書爲稍晚於西元前三一六年之戰國中晚期楚物」。

第四章　〈楚帛書置圖之方式〉

楚帛書係一結構非常特別之實物，以其佈局爲中間兩篇正反直書之文章，邊文爲十二段文字與十二神像相間環繞，四隅分繪青、赤、白、黑四木等所構成。因此特別之結構，使其擺置之方式呈現多種可能。不同之擺置方式，即有不同之結果出現，是以欲研究楚帛書，勢必先解決此問題。對於楚帛書擺置之方式，歷來研究帛書之前輩學者，大抵有二說：一爲以〈天象篇〉爲正置；一爲以〈四時篇〉爲正置，互有其所據之說詞。然以何者爲確？筆者先就楚帛書本身，對其四時、方位加以釐定。再敘及帛書用曆建正問題，以求做爲方位釐定之一支持證據，並利用帛書之文意、文例、文序及文字所反映出來之神民尊卑觀念，及楚墓方位以南向居多之特徵等等，從而得出※「〈四時篇〉當先於〈天象篇〉，據此知楚帛書之擺置，當以〈四時篇〉爲正書，即以南居上。」

第五、六、七章為文字之考釋

楚帛書文字之考釋，前輩已多所論及，然舊說或釋形未盡、或詮義未安、或隸定而無釋、或爭疑而不決。於此綜考諸家之說，或釐前人之誤、或踵事增華、或申明己意，期爲楚帛書作一較全面之釋讀。釋讀文字之法，以單字爲主，於單字說釋未能備盡其義時，則輔以整句說釋，以求說義順當。其序大抵爲：

> 首求字形安：臚列兩周金文、戰國楚簡、及石經刻文與之相較，無可資以比較時，則採偏旁分析、字形演變、或文義、文例推勘之，以證明隸定字之可信；次求字音安：假借者，則明其所以假借之由；再次求字義安：求義能順暢；最末求之古籍或出土實物有載，並統言其大意。至於殘泐缺文，依文例、文義可據而推者，則補之；不可推知者，概付闕如。

於第七章有一新發現，爲前輩學者所未解決者，即〈宜忌篇〉之章題與章文內容之關係。諸前輩學者所論，蓋皆將二者分開各別討論之，是以造成章題至今尚未有學者全部釋出之窘境。其實二者是相關聯且不可分割之一體。※

「章題名稱實爲由章文內容之特出處，所提煉濃縮而來。」如七月之章題「倉莫得」，「倉」爲七月月名，〔註77〕然「莫得」二字至今未有作釋者，筆者觀之章文內容爲「曰：倉，不可以□，大不訢于邦，又（有）梟內于上下」。繼以釋讀「梟」字，據《說文解字注》梟字條段注、《漢書・郊祀志》及《史記・五帝紀》集解，知梟爲惡鳥，漢時以之祠黃帝，並爲作梟羹。再據《西京雜記・五》及《荊楚歲時記》，而知長沙俗以梟爲不祥鳥，以其至人家，則主人死。末據《周禮・秋官・硩蔟氏》賈疏，而知梟於夜方作惡鳴。由是知楚人忌梟，以其爲不祥鳥，且又於夜方作惡鳴，是以人欲捕之當於夜，聽其聲以辨其位，故帛書言「莫（暮）得」。楚俗忌梟，而七月以此事爲重，是以取爲章題，以期昭顧耳。※「將〈宜忌篇〉十二章題與十二段文字作如是觀，則十二章題蓋可迎刃而解矣！」（欲知其詳，請參第七章。）

第八章　〈楚帛書圖像試析〉

　　楚帛書之圖像，蓋可分十二神像及四隅四木。於十二神像之說解，因神話傳說本變動不居，故其形狀亦因時因地而異，加以神像或殘泐不清，是以考索其爲何屬神，實不易解。除四月、五月神像，饒宗頤已論證其爲「肥遺」、「祝融」外，〔註78〕餘者仍待研究。二月神像據筆者就載籍所載推論，疑即五方神中之東方神「勾芒」。比勘之帛書用曆及方位，二月神（居正東）爲「勾芒」，五月神（居正南）爲「祝融」，適與載籍五方神之居位相同。據此以觀，則帛書八月神（居正西）疑即「蓐收」，十一月神（居正北）疑即「玄冥」。因無實證支持，故西、北二神仍屬擬測。

　　四木（帛書四隅繪四木，然於文中寫有五木之名）之說，學者或以爲與古時之改火有關。〔註79〕今考〈四時篇〉所述，爲敘天地開闢前渾沌闇暗之狀，及開闢後四時之生成、日月之運行等。加以楚帛書已有以顏色分配方位之思想，且帛書述五木，乃在天體開始運轉之後。綜之，得五木當與支撐天體之運轉有關。除此而外，於帛書四隅處，分繪有青木、赤木、白木、黑木等，除具※「四

〔註77〕十二章題之首字，李學勤先生已發現爲與《爾雅・釋天》之十二月月名同系統，而定首字爲十二月月名，甚確。文見〈補論戰國題銘的一些問題〉，李學勤，《文物》1960年第7期，頁68。

〔註78〕〈楚繒書之摹本及圖像——三首神、肥遺與印度古神話之比較——〉，饒宗頤，《故宮季刊》三卷二期，1968年10月，頁1～26。

〔註79〕〈長沙楚墓時占神物圖卷考釋〉，饒宗頤，《東方文化》一卷一期，香港大學，1954年1月，頁80。

維之作用」外，當與顯示四周圖繪十二神像之居勾方位有關，是以推得此※「四木當亦有標明四時及方位之作用」。又因帛書圖繪無黃木之跡，筆者據《秦簡・日書》及《翼玄》推知※「帛書已有將中央寄居四維之五行觀念。」

第九章 〈楚帛書之性質及墓主身份〉

楚帛書之性質，於歷來學者之研究下，異說紛陳，約可得九類。觀之學者所論，大抵失之以小範大。其所論述均據一隅以論整帛之性質，而未能作全面觀，是以所論或甚正確，然其範圍則不足以範限整帛。有鑑於此，筆者將整帛分作〈四時篇〉、〈天象篇〉、〈宜忌篇〉、「十二神像及四木（含施之墓葬）」等四部份，分別探討其性質，最末再統而言之，得出楚帛書為具※「陰陽數術性質之楚月令」。

墓主之身份，一般為學者所忽視，據此而論之專文尚未見及，今此墓出土如此特別之帛書，其墓主之身份勢有探討之必要。是以筆者依據棺槨、棺束及隨葬禮器之組合，與古籍所載相比對，並就帛書內容進行探討，得出出土帛書之墓主身份為一※「士階級之楚巫師」。

第十章 〈結論〉

先闡述楚帛書文字之特色，此就第五、六、七等三章釋讀文字所得，其有特殊處，則加以標明。蓋可得※「簡化、繁化、一字異體、『＝』符、標識號」等五類，並據此以分析探討之。再述及※「楚帛書之價值。」此章所述，為學者所未專文討論者。

於附錄編進：

1. 楚帛書三階段之摹本、照片影本
2. 楚帛書摹本（1995 年 8 月筆者自摹本）
   研究楚帛書，親自為其作摹本者甚少，大抵擇自別家之摹本或帛書照片（含影本）加以研究。今為紐約大都會博物館所拍攝之紅外線照片，親自摹寫並以之為研究之根據，其摹本見於引用或可見者有：日本林巳奈夫、美國沙可樂、香港饒宗頤、臺灣嚴一萍、澳洲諾埃爾。巴納德、大陸曾憲通。
3. 楚帛書行款表
   以座標之方式，隸定帛書文字，以便查檢。
4. 楚帛書歷來研究論著

　　楚帛書歷來研究之論著,最新收錄出版者,見於《楚地出土文獻三種研究》中之〈楚帛書研究述要〉,〔註80〕共收論文篇目七十七篇,此爲大陸學者曾憲通所收編。筆者據以增補,已增至論文篇目共一二三篇。

5. 楚帛書文字編(以筆者之摹本按筆畫之多寡編排之)

　　楚帛書之文字編,於今所可見者有三:其一爲據嚴一萍之摹本編成,編者許學仁;〔註81〕其二爲大陸學者李零(摹寫者不詳);〔註82〕其三爲大陸學者曾憲通(自摹本)。〔註83〕三者所編互有優劣,然其共同缺失,蓋將可識殘字列入正文(未殘者)之中,甚者,更將殘字依己意摹繪爲未殘字而編入正文之中,凡此皆易令人產生帛書文字同字結體不一,及對帛書文字可見程度之錯覺。因之筆者另列殘字,將之細分爲可識殘字與不可識殘字二部分,於已殘之字照實摹寫而不增補筆畫,以求存眞。

二、未來展望

　　研究楚帛書,倏爾數年,深覺獲益良多。無論於文字之研求、古代楚人之思想,或於研究方法之運用等,均有更深入而意外之收穫。戰國文字號稱難識,尤以楚文字爲甚。經過對帛書之鑽研,旁及金文、楚簡文字之比對,於帛書文字之特色,蓋已可掌握。然若欲以此範限楚文字,仍嫌不足,畢竟文字之發展,與時俱異,非可以一點來論全面,否則又將失之以小範大。反觀,研究楚帛書文字,歸結掌握其特色,其點雖小,卻可漸進推爲線而爲全面研究楚文字之基礎。文字之研究乃相當枯燥之事,雖枯燥,但不乏味。偶有發現,其喜悅之情實非筆墨所能形容。文字之學,是筆者興趣所在,希望在《楚帛書研究》脫稿之後,筆者能再接再厲,以爲楚文字作一全面之研究。

〔註80〕〈楚帛書研究述要〉,曾憲通,《楚地出土文獻三種研究》,饒宗頤、曾憲通合著,北京中華書局,1993 年 8 月第 1 版,頁 398~404。

〔註81〕〈楚繒書單字合文檢字表〉,許學仁,見於《先秦楚文字研究》附編,台灣師範大學國文研究所碩士論文,1979 年 6 月。

〔註82〕《長沙子彈庫戰國楚帛書研究》,李零,北京,中華書局,1985 年 7 月第 1 版,頁 82~121。

〔註83〕《長沙楚帛書文字編》,曾憲通,北京,中華書局,1993 年 2 月第 1 版。

參考書目

一、書籍部份

（一）楚帛書類

1. 〈近時出現的文字資料〉（日文），梅原末治，日本平凡社《書道全集》卷一，昭和二十九年 9 月 25 日（1954 年）。

2. 《晚周繒書考證》，蔡季襄，藝文印書館，民國 61 年 6 月初版。

3. 《THE CHU SILK MANUSCRIPT~Translation and Commentary~》 Noel Barnard Published by Deparment of Far Eastern History Reserch School of Pacific Studies Institute of Advanced Studies The Australian Nation University Canberra,1973.

4. 〈神話的世界〉，吉田光邦，《古代中國》，世界文明史、世界風物誌聯合編輯小組，地球出版社，民國 67 年 11 月 30 日。

5. 《先秦楚文字研究》，許學仁，台灣師範大學國文研究所碩士論文，1979年 6 月，有關帛書之部份爲，上編第二章〈楚繒書概述〉、下編〈考釋篇〉、附編〈楚繒書諸家隸定句讀異同表〉與〈楚繒書單字合文檢字表〉。

6. 〈論楚帛書中的天象〉，李學勤，《湖南考古輯刊》第一集，1982 年 12 月。

7. 〈楚帛書中的古史與宇宙觀〉，李學勤，《楚史論叢》初集，張正明主編，湖北人民出版社，1984 年 10 月第一版。

8. 《長沙子彈庫戰國楚帛書研究》，李零，北京，中華書局，1985 年 7 月第一版。

9. 《楚帛書》，饒宗頤，曾憲通，香港，中華書局，1985 年 9 月版。

10. 〈長沙楚帛書通論〉，李學勤，《楚文化研究論集》第一集，荊楚書社出版，

1987 年 1 月第一版。

11. 《中國古文字學通論》第八章第二節〈繒書〉，高明，文物出版社 1987 年 4 月第一版。

12. 《中國古代書史》，錢存訓，此係根據周寧森博士之中文譯稿《書於竹帛》增訂而成，香港：中文大學出版社，1975 年 3 月，有關楚帛書部份，為第六章〈帛書〉。於民國 76 年 9 月，藍燈出版社重行翻印該書。

13. 〈再論楚帛書十二神〉，李學勤，《湖南考古輯刊》第四集，1987 年 10 月。

14. 《書法》第一章圖版三十一，周鳳五，幼獅文化事業公司，民國 77 年 3 月修訂再版。

15. 《中國古代史參考圖錄》（戰國時期），中國歷史博物館編，上海教育出版社，1989 年 4 月第一版。

16. 《中國古代圖書事業史》第一章第二節之一〈簡策與書寫工具〉，來新夏等著，上海人民出版社，1990 年 4 月第一版。

17. 《中國古代社會》第十八章〈祭祀與迷信〉，許進雄，商務印書館，民國 79 年 12 月第二版。

18. 《中國神話史》，袁珂，時報文化出版社，民國 80 年 5 月 20 日初版，附圖。

19. 〈說殷代的「亞形」〉，張光直，《考古與歷史文化》（上）慶祝高去尋先生八十大壽論文集，宋文薰等主編，正中書局，民國 80 年 6 月臺初版。

20. 《中華古文明大圖集》第二部《神農》第十一章〈物候定時‧古老的物候曆〉，宜新文化事業有限公司、樂天文化（香港）公司聯合出版，1992 年 11 月第一版。

21. 《中國書籍簡史》第三章第二節之四〈長沙繒書及帛畫〉，嚴文郁，台灣商務印書館，民國 81 年 11 月初版。

22. 《長沙楚帛書文字編》，曾憲通，北京，中華書局，1993 年 2 月第一版。

23. 《最美的文字》，故宮文物寶藏新編——書法篇，青少年叢書故宮文物寶藏新編編輯委員會出版，民國 82 年 7 月再版，頁二十三，附楚帛書摹本。

24. 〈長沙子彈庫楚帛書研究〉，饒宗頤、曾憲通合著，《楚地出土文獻三種研究》，北京中華書局，1993 年 8 月第一版。

25. 《簡帛佚籍與學術史》第二篇〈楚帛書研究〉，李學勤，時報文化出版，1994 年 12 月 20 日。

（二）小學類

1. 《古史零證》，周谷城，1956 年 9 月 24 日，無出版社名稱，為手抄影印本。

2. 《武威漢簡》，中國科學院考古研究所、甘肅省博物館編，文物出版社，

1964 年 9 月第一版。

3. 《古文字學導論》，唐蘭，樂天出版社，民國 59 年 9 月 25 日初版。

4. 《文字學概說》，林尹，正中書局，民國 60 年 12 月台初版。

5. 《漢晉遺簡識小七種》，陳槃，中央研究院歷史語言研究所專刊之六十三，民國 64 年 6 月出版。

6. 《說文通訓定聲》，朱駿聲，藝文印書館，民國 64 年 8 月三版。

7. 《先秦古璽文字研究》，林素清，台大碩士論文，民國 65 年。

8. 《漢簡叢說》，蘇琇敏，臺大碩士論文，民國 68 年 6 月。

9. 《方言》，揚雄，上海涵芬樓借江安傅氏雙鑑樓藏宋刊本景印，四部叢刊，台灣，商務印書館，民國 68 年 11 月台一版。

10. 《釋名》，劉熙，上海涵芬樓借江南圖書館藏明嘉靖繙宋本景印，四部叢刊。

11. 《廣雅疏證》，張揖撰，王念孫疏證，中華書局，1983 年 5 月第一版。

12. 《汗簡，古文四聲韻》，郭忠恕，夏竦，北京，中華書局，1983 年 12 月第一版。

13. 《漢簡文字研究》，徐富昌，台大碩士論文，民國 73 年 5 月。

14. 《漢字古音手冊》，郭錫良，北京大學出版社，1986 年 11 月第一版。

15. 《文字學四種》，呂思勉，藍燈出版社，民國 76 年 11 月初版。

16. 《龍龕手鑒新編》，潘重規，北京，中華書局，1988 年 6 月第一版。

17. 《文字學概要》，裘錫圭，商務印書館，1988 年 8 月第一版。

18. 《集韻》，丁度，中華書局據楝亭五種本校刊，四部備要，台灣，中華書局，民國 77 年 12 月台五版。

19. 《小爾雅義證》，胡承珙，中華書局據墨莊遺書本校刊，四部備要。

20. 《戰國文字通論》，何琳儀，北京，中華書局，1989 年 4 月第一版。

21. 《新校正切宋本廣韻》，陳彭年等重修，林尹校訂，黎明文化事業公司，民國 79 年 10 月十二版。

22. 《字彙，字彙補》，梅膺祚撰、吳任臣補，上海辭書出版社，1991 年 6 月第一版。

23. 《說文解字注》，許慎撰、段玉裁注，黎明文化事業股份有限公司，民國 80 年 8 月增訂八版。

24. 《中國文字學》，開明書店編輯部，民國 58 年 3 月台一版發行，民國 80 年 10 月台八版發行。

25. 《流沙墜簡》，羅振玉、王國維，北京，中華書局，1993 年 9 月第一版。

26. 《說文釋例》，王筠，文海出版社，無標示出版時間。

（三）甲骨金石類

1. 《殷墟文字乙編》，董作賓，國立中央研究院歷史語言研究所出版，民國42 年。

2. 《殷墟卜辭綜述》，陳夢家，北京，科學出版社，1956 年。

3. 《甲骨文編》，考古學專刊乙種第十四號，中國社會科學院考古研究所編，中華書局，1965 年 9 月第一版。

4. 《殷墟卜辭綜類》，島邦男，大通書局，民國 59 年 12 月初版。

5. 《周代金文圖錄及釋文》，大通書局編輯部，民國 60 年 3 月初版。

6. 《鐵雲藏龜新編》，劉鶚著，嚴一萍編，藝文印書館，民國 64 年 7 月初版。

7. 《魏三體石經集錄》，孫海波，藝文印書館，民國 64 年 9 月初版。

8. 《殷周金文集成》，中國社科院，北京，中華書局，1975 年 11 月初版。

9. 《周秦金石文選評注》，黃公渚，學海出版社，民國 68 年 12 月初版。

10. 《甲骨文字釋林》，于省吾，台灣，大通書局，民國 70 年 10 月出版。

11. 《甲骨文合集》，郭沫若，北京，中華書局，1982 年 10 月第一版。

12. 《金文總集》，嚴一萍，藝文印書館，民國 72 年 12 月初版。

13. 《商周彝器通考》，容希白，文史哲出版社，民國 74 年元月出版。

14. 《古文字學初階》，李學勤，北京，中華書局，1985 年 5 月第一版。

15. 《金文編》，容庚，北京，中華書局影印，1985 年 7 月第一版。

16. 《西周青銅彝器彙考》，高木森，學海出版社，民國 75 年 11 月初版。

17. 《商周金文集成釋文稿》，邱德修，五南圖書，民國 75 年 12 月初版。

18. 《鐘鼎篆籀大觀》，吳大澂，輯，中國書店，1987 年 6 月第一版。

19. 《商周金文新探》，邱德修，五南圖書，民國 77 年 2 月初版。

20. 《金文選注譯》，洪家義，江蘇教育出版社，1988 年 5 月第一版。

21. 《積古齋鐘鼎彝器款識》（四），阮元，百部叢書集成，文選樓叢書，藝文印書館，民國 78 年 7 月二版。

22. 《商周古文字讀本》，劉翔，語文出版社，1989 年 9 月第一版。

（四）經　部

1. 《論語孟子爾雅孝經》，十三經注疏本，藍燈出版社。

2. 《周易，尚書》，十三經注疏本，藍燈出版社。

3. 《詩經》，十三經注疏本，藍燈出版社。

4. 《周禮》，十三經注疏本，藍燈出版社。

5. 《儀禮》，十三經注疏本，藍燈出版社。

6. 《禮記》，十三經注疏本，藍燈出版社。

7. 《左傳》，十三經注疏本，藍燈出版社。

8. 《公羊傳，穀梁傳》，藍燈出版社。

9. 《夏小正經傳集解》，顧鳳藻，世界書局，民國 63 年 5 月三版。

10. 《尚書大傳》，上海涵芬樓藏左海文集本，四部叢刊，台灣，商務印書館，民國 68 年 11 月台一版。

11. 《大戴禮記》，戴德，上海涵芬樓借無錫孫氏小綠天藏明袁氏嘉趣堂刊本景印，四部叢刊。

12. 《春秋繁露》，董仲舒，上海涵芬樓景印武英殿聚珍本，四部叢刊。

13. 《爾雅義疏》，郝懿行，藝文印書館，民國 76 年 4 月版。

14. 《阜陽漢簡詩經研究》，胡平生、韓自強，上海古籍出版社，1988 年 5 月第一版。

15. 《四書集註》，朱熹，文化圖書公司，民國 77 年 7 月 5 日出版。

16. 《周禮正義》，孫詒讓，中華書局據清光緒乙巳本校刊，四部備要，台灣，中華書局，民國 77 年 12 月台五版。

(五) 史 部

1. 《國語》，韋昭注，上海涵芬樓借杭州葉氏藏明金李刊本影印，四部叢刊，台灣，商務印書館，民國 68 年 11 月台一版。

2. 《晏子春秋》，上海涵芬樓借江南圖書館藏明活字本景印，四部叢刊。

3. 《戰國策校注》，鮑彪校注，上海涵芬樓借江南圖書館藏元至正十五年刊本景印，四部叢刊。

4. 《竹書紀年》，沈約附註，范欽訂，上海涵芬樓景印天一閣本，四部叢刊。

5. 《山海經校注》，袁珂，上海古籍出版社，1980 年 7 月第一版。

6. 《逸周書集訓解》，朱佑曾撰、嚴可均輯，世界書局印行，民國 69 年 11 月三版。

7. 《武王克殷日記》，林春溥，世界書局，民國 69 年 11 月三版。

8. 《戰國史》，楊寬，谷風出版社，1986 年 9 月。

9. 《史記會注考證》，瀧川龜太郎，宏業書局，民國 76 年 7 月再版。

10. 《楚文化史》，張正明，上海人民出版社，1987 年 8 月第一版。

11. 《中國古代書史》第六章〈帛書〉，錢存訓，藍燈出版社，民國 76 年 9 月初版。

12. 《戰國策新校注》，繆文遠，巴蜀書社，1987 年 9 月第一版。

13. 《夏商史稿》，孫淼，文物出版社，1987 年 12 月第一版。

14. 《漢書》，班固，中華書局據武英殿本校刊，四部備要，台灣，中華書局，民國 77 年 12 月台五版。

15. 《後漢書》，范曄，中華書局據武英殿本校刊，四部備要。

16. 《晉書》，唐太宗文皇帝御撰，中華書局據武英殿本校刊，四部備要。

17. 《荊楚歲時記》，宗懍，中華書局據漢魏叢書本校刊，四部備要。

18. 《先秦文學史》，蔡守湘，武漢大學出版社，1992 年 3 月第一版。

19. 《南蠻源流史》，何光岳，江西教育，1992 年 3 月第一版。

20. 《楚國八百年》，羅運環，武漢大學出版社，1992 年 11 月第一版。

（六）子 部

1. 《藝文類聚》，歐陽詢，宋紹興丙寅年——一一四六年（宋刻本），新興書局有限公司，民國 62 年 7 月版。

2. 《日知錄》，顧炎武，文史哲出版社，民國 68 年 4 月出版。文史哲以《原抄本顧亭林日知錄》發行，黃季剛、張溥泉校記。

3. 《韓非子》，韓非，上海涵芬樓藏黃蕘圃校宋本，四部叢刊，台灣，商務印書館，民國 68 年 11 月台一版。

4. 《淮南子》，劉安，上海涵芬樓景印劉泖生影寫北宋本，四部叢刊。

5. 《呂氏春秋》，呂不韋，涵芬樓藏明宋邦義等刊本，四部叢刊。

6. 《管子》，上海涵芬樓借常熟瞿氏鐵琴銅劍樓藏宋刊本景印，四部叢刊。

7. 《南華真經》，郭象註，上海涵芬樓藏明世德刊本，四部叢刊。

8. 《鶡冠子》，鶡冠子，上海涵芬樓借江陰繆氏藝風堂藏明翻宋本景印，四部叢刊。

9. 《論衡》，王充，上海涵芬樓藏明通津草堂本，四部叢刊。

10. 《荀子》，楊倞注，上海涵芬樓景印古逸叢書本，四部叢刊。

11. 《墨子》，墨子，上海涵芬樓景印明嘉靖癸丑刊本，四部叢刊。

12. 《老子道德經》，河上公章句，上海涵芬樓借常熟瞿氏鐵琴銅劍樓藏宋刊本景印，四部叢刊。

13. 《孔子家語》，王肅注，上海涵芬樓借江南圖書館藏明繙宋本景印，四部叢刊。

14. 《商子》商鞅，上海涵芬樓景印天一閣本，四部叢刊。

15. 《抱朴子》，葛洪，上海涵芬樓借江南圖書館藏明魯藩刊刊本景印，四部叢刊。

16. 《新書》，賈誼，上海涵芬樓借江南圖書館藏明正德長沙刊本景印，四部叢刊。

17. 《鹽鐵論》，桓寬，上海涵芬樓借長沙葉氏觀古堂藏明弘治涂氏江陰刊本

景印，四部叢刊。

18. 《重廣補注黃帝內經素問》，王冰注，上海涵芬樓景印明顧氏翻宋本，四部叢刊。

19. 《孫子十家集注》，歐陽修，上海涵芬樓借江南圖書館藏明嘉靖刊本影印，四部叢刊。

20. 《揚子法言》，李軌注，上海涵芬樓影印石硯參翻宋治平監本，四部叢刊。

21. 《太平御覽》，李昉，國泰文化事業有限公司，民國 69 年正月初版。

22. 《翼玄》，張行成，新文豐出版社，民國 76 年 6 月台一版。

23. 《列子》，張湛注，中華書局據明世德堂本校刊，四部備要，台灣，中華書局，民國 77 年 12 月台五版。

24. 《十駕齋養新錄》，錢大昕，中華書局據潛研堂本校刊，四部備要。

（七）集 部

1. 《楚辭》，王逸章句，洪興祖補注，上海涵芬樓借江南圖書館藏明繙宋本景印，四部叢刊，台灣，商務印書館，民國 68 年 11 月台一版。

2. 《文選》，宋淳熙本重雕鄱陽胡氏藏版，藝文印書館，民國 78 年 1 月十一版。

（八）其 它（含考古、神話類）

1. 《觀堂集林》附別集（一），王國維，北京，中華書局，1959 年 6 月第一版。

2. 《月令粹編》，秦嘉謨，廣文書局，民國 59 年 12 月初版。

3. 《長沙古物聞見記》，商承祚，文海出版社，民國 60 年 12 月初版。

4. 《長沙楚墓帛畫》，文物出版社，1973 年出版，無頁碼。

5. 《中國考古學會第一次年會論文集》，中國考古學會編輯，文物出版社，1980 年 12 月第一版。

6. 《選堂集林》史林上冊，饒宗頤，香港，中華書局，1982 年 1 月初版。

7. 《圖書印刷發展史論文集》，喬衍琯、張錦郎編，文史哲出版社，民國 71 年 9 月校訂初版。

8. 《博物志校證》，張華撰，范寧校證，明文書局，民國 73 年 7 月再版。

9. 《楚史論叢》，張正明主編，湖北人民出版社，1984 年 10 月第一版。

10. 《信陽楚墓》，中國社會科學院考古研究所編，文物出版社，1986 年 3 月第一版。

11. 《楚文化研究論集》第一集，湖北，荊楚書社，1987 年 1 月第一版。

12. 《李學勤集》，李學勤，黑龍江教育出版社，1989 年 5 月第一版。

13. 《楚文化研究》，文崇一，東大圖書，民國 79 年 4 月初版。

14. 《中國神話》，白川靜著，王孝廉譯，長安出版社，1991 年 2 月第一版。

15. 《考古與歷史文化（慶祝高去尋先生八十大壽論文集（上）》，宋文薰等編著，正中書局，民國 80 年 6 月台初版。

16. 《中國古宇宙論》，金祖孟，華東師範大學，1991 年 9 月第一版。

17. 《包山楚墓》，湖北省荊沙鐵路考古隊，文物出版社 1991 年 10 月第一版。

18. 《玄妙奇麗的楚文化》，徐志嘯，新華出版社，1991 年 12 月第一版。

19. 《楚文藝論集》，湖北省文聯、湖南省文聯、中國藝術研究院文藝研究編輯部合編，湖北美術出版社，1991 年 12 月第一版。

20. 《中國古人論天》，周桂鈿，新華出版社，1991 年 12 月第一版。

21. 《中國明器》，鄭德坤，沈維鈞，上海文藝出版社，1992 年 1 月。

22. 《中國面具大觀》，郭淨，上海人民出版社，1992 年 2 月第一版。

23. 《考古學專題六講》，張光直，文物出版社，1992 年 6 月。

24. 《神話學論綱》，武世珍，敦煌文藝出版社，1993 年 5 月第一版。

25. 《魯實先先生學術討論會論文集》，吳璵等著，萬卷樓圖書，民國 82 年 6 月第一版。

26. 《神話與民俗》，王增勇，陝西人民教育出版社，1993 年 6 月第一版。

27. 《東周與秦代文明》，李學勤，駱駝出版社，無標示出版時間。

二、期刊論文部份

（一）楚帛書類

1. 〈先秦兩漢帛書考（附長沙楚墓絹質采繪照片小記）〉，陳槃，《中央研究院歷史語言研究所集刊》第二十四本，民國 42 年 6 月。

2. 〈長沙楚墓時占神物圖卷考釋〉，饒宗頤，香港大學，《東方文化》第一卷第一期，1954 年 1 月。

3. 〈論長沙出土之繒書〉，董作賓，《大陸雜誌》第十卷第六期，民國 44 年 3 月出版。

4. 《文物參考資料》，1955 年第七期，圖版廿四。

5. 〈A PRELIMINARY STUDY OF THE CHU SILK MANUSCRIPT～A new reconstruction of the text～〉，諾埃爾·巴納德，《華裔學志》第十七卷，1958 年。

6. 〈長沙戰國繒書及其有關問題〉，安志敏、陳公柔，《文物》，1963 年第九期。

7. 〈戰國楚帛書述略〉，商承祚，《文物》，1964 年第九期。

8. 〈長沙出土戰國帛書考〉，林巳奈夫，《東方學報》（京都）第三十六冊第一分，昭和三十九年十月（1964 年 10 月）。

9. 〈楚繒書 12 月名覆論〉，饒宗頤，〈大陸雜誌〉第三十卷第一期，民國 54 年元月出版。

10. 〈長沙出土戰國帛書考補正〉，林巳奈夫，《東方學報》（京都）第三十七冊，昭和四十一年三月（1966 年）。

11. 〈中國古代的神巫〉，林巳奈夫，《東方學報》（京都）第三十八冊，京都大學人文科學研究所，昭和四十二年三月（1967 年）。

12. 〈楚繒書新考〉（上），嚴一萍，《中國文字》第二十六冊，民國 56 年 12 月出版。

13. 〈楚繒書新考〉（中），嚴一萍，《中國文字》第二十七冊，民國 57 年 3 月出版。

14. 〈楚繒書新考〉（下），嚴一萍，《中國文字》第二十八冊，民國 57 年 6 月出版。

15. 〈楚繒書「鼂虘」解〉，金祥恆，《中國文字》第二十八冊，民國 57 年 6 月。

16. 〈楚繒書之摹本及圖像——三首神、肥遺與印度古神話之比較——〉，饒宗頤，《故宮季刊》三卷二期 1968 年 10 月。

17. 〈楚繒書疏證〉，饒宗頤，《中央研究院歷史語言研究所集刊》第四十冊（上），1968 年 10 月。

18. 〈楚繒書疏證跋〉，陳槃，《中央研究院歷史語言研究所集刊》第四十冊（上），1968 年 10 月。

19. 〈楚繒書文字拾遺〉，唐健垣，《中國文字》第三十冊，民國 57 年 12 月。

20. 〈評巴納《楚帛書文字的韻與律》〉，李棪，香港中文大學《中國文化研究所學報》第四卷第二期。

21. 〈長沙出土楚帛書的十二神的由來〉，林巳奈夫，日本京都《東方學報》冊四二，昭和四十六年三月（1971 年）。

22. 〈古代文字的辨證之發展〉，郭沫若，《考古學報》，1972 年第一期。

23. 〈長沙子彈庫戰國木槨墓〉，湖南省博物館，《文物》，1974 年第二期。

24. 〈楚月名初探〉，曾憲通，《中山大學學報》（社會科學版），1980 年第一期。

25. 〈關於楚文化的新探索〉，俞偉超，《江漢考古》，1980 年第一期。

26. 〈戰國楚帛書文字考證〉，陳邦懷，《古文字研究》第五輯，1981 年 1 月第一版。

27. 〈楚月名初探——兼談昭固墓竹簡的年代問題〉，曾憲通，《古文字研究》

第五輯，1981 年 1 月第一版。

28. 〈楚帛書上的繪畫〉，莊申，香港《百姓》第四十一期，1983 年 2 月。

29. 〈楚文字考釋〉，許學仁，《中國文字》新第七期，民國 72 年 4 月版。

30. 〈戰國楚帛書考〉，陳夢家，《考古學報》，1984 年第二期。

31. 〈楚帛書《月令》篇考釋〉，曹錦炎，《江漢考古》，1985 年第一期。

32. 〈楚繒書研究〉，高明，《古文字研究》第十二輯，1985 年 10 月第一版。

33. 〈長沙帛書通釋〉，何琳儀，《江漢考古》，1986 年第一期。

34. 〈長沙帛書通釋〉，何琳儀，《江漢考古》，1986 年第二期。

35. 〈長沙帛書考釋（五篇）〉，朱德熙，中國古文字研究會第六屆年會論文，1986 年 8 月。

36. 〈長沙楚帛書文字考釋之辨正〉，陳秉新，《文物研究》，1988 年第四期。

37. 〈繒書周邊十二肖圖研究〉（英文），諾埃爾‧巴納德，《中國文字》新十二期，民國 77 年 7 月初版。

38. 〈商代的四方風名與八卦〉，連劭名，《文物》，1988 年第十一期。

39. 〈長沙戰國楚帛書的書法〉，林進忠，《台灣美術》，1989 年第六期。

40. 〈長沙子彈庫第二帛書探要〉，李學勤，《江漢考古》，1990 年第一期。

41. 〈長沙子彈庫戰國楚帛書行款問題質疑〉，徐山，《考古與文物》，1990 年第五期。

42. 〈楚帛書目驗記〉，李零，《文物天地》，1990 年第六期。

43. 〈長沙楚帛書與卦氣說〉，連劭名，《考古》，1990 年第九期。

44. 〈楚帛書天象再議〉，饒宗頤，《中國文化》，1990 年第三期。

45. 〈楚帛書天象再議〉，饒宗頤，《中國文化》，1990 年 12 月第三期，風雲時代出版公司。

46. 〈長沙楚帛書與中國古代的宇宙論〉，連劭名，《文物》，1991 年第二期。

47. 〈記商承祚教授藏長沙子彈庫楚國殘帛書〉，商志醰，《文物》，1992 年第十一期。

48. 〈長沙子彈庫殘帛文字小記〉，饒宗頤，《文物》，1992 年第十一期。

49. 〈試論長沙子彈庫楚帛書殘片〉，李學勤，《文物》，1992 年第十一期。

（二）墓葬考古類

1. 〈殷代的宮室及陵墓——殷墟的開發，甲骨學五十年（四）〉，董作賓，《大陸雜誌》第一卷第九期，民國 39 年 11 月 15 日出版。

2. 〈長沙出土的三座大型木槨墓〉，湖南省文物管理委員會，《考古學報》，1957 年第一期。

3. 〈長沙仰天湖第 25 號木槨墓 〉，湖南省文物管理委員會，《考古學報》，1957 年第二期。

4. 〈我國考古史上的空前發現、信陽長台關發掘一座戰國大墓〉，河南省文化局，文物工作隊第一隊，《文物參考資料》，1957 年第九期。

5. 〈長沙楚墓〉，湖南省博物館，《考古學報》，1959 年第一期。

6. 〈評《長沙發掘報告》〉，高至喜，《考古》，1962 年第一期。

7. 〈記新疆新發現的絹畫伏羲女媧像〉，馮華，《文物》，1962 年第七、八期。

8. 〈記長沙、常德出土弩機的戰國墓──兼談有關弩機、弓矢的幾個問題〉，高至喜，《文物》，1964 年第六期。

9. 〈湖北江陵三座楚墓出土大批重要文物〉，湖北省文化局文物工作隊，《文物》，1966 年第五期。

10. 〈長沙瀏城橋一號墓〉，湖南省博物館，《考古學報》，1972 年第一期。

11. 〈湖北江陵拍馬山楚墓發掘簡報〉，湖北省博物館、荊州地區博物館、江陵縣文物工作組，發掘小組，《考古》，1973 年第三期。

12. 〈湖北江陵藤店一號墓發掘簡報〉，荊州地區博物館，《文物》，1973 年第九期。

13. 〈長沙子彈庫戰國木槨墓〉，湖南省博物館，《文物》，1974 年第二期。

14. 〈江陵雨台山楚墓發掘簡報〉，荊州博物館，《考古》，1980 年第五期。

15. 〈略論九座楚墓的年代〉，陳振裕，《考古》，1981 年第四期。

16. 〈中國古代墓葬概說〉，王仲殊，《考古》，1981 年第五期。

17. 〈中國春秋戰國時代的冢墓〉，王世民，《考古》，1981 年第五期。

18. 〈新都戰國木槨墓與楚文化〉，沈仲常，《文物》，1981 年第六期。

19. 〈江陵天星觀 1 號楚墓〉，湖北省荊州地區博物館，《考古學報》，1982 年第一期。

20. 〈江陵楚墓論述〉，郭德維，《考古學報》，1982 年第二期。

21. 〈湖北江陵馬山一號墓出土大批戰國時期絲織品〉，荊州地區博物館，《文物》，1982 年第十期。

22. 〈試論江漢地區楚墓、秦墓、西漢前期墓的發展與演變〉，郭德維，《考古與文物》，1983 年第二期。

23. 〈鄂城楚墓〉，湖北省鄂城縣博物館，《考古學報》，1983 年第二期。

24. 〈楚墓分類問題探討〉，郭德維，《考古》，1983 年第三期。

25. 〈中原地區戰國墓初探〉，葉小燕，《考古》，1985 年第二期。

26. 〈淺談楚墓中的棺束〉，高崇文，《中原文物》，1990 年第一期。

27. 〈試論我國古代棺槨制度〉，李玉浩，《中原文物》，1990 年第二期。

28.〈戰國楚墓的冥幣〉，傅聚良，《中原文物》，1991 年第四期。

29.〈馬王堆漢墓〝神祇圖〞應屬辟兵圖〉，李零，《考古》，1991 年第十期。

30.〈襄陽余崗楚墓陶器的分期研究〉，楊樹喜，《江漢考古》，1993 年第一期。

（三）文字研究類

1.〈甲骨學五十年〉，董作賓，《大陸雜誌》第一卷第三期，民國 39 年 8 月 15 日出版。

2.〈紙發明以前中國文字流傳工具〉，李書華，《大陸雜誌》第九卷第六期，民國 43 年 9 月 30 日出版。

3.〈談近年新發現的幾種戰國文字資料〉，李學勤，《文物參考資料》，1956 年第一期。

4.〈中國文字書寫工具探原（下）〉，蘇瑩輝，《大陸雜誌》第十五卷第八期，民國 46 年 10 月 31 日出版。

5.〈戰國題銘概述〉（下），李學勤，《文物》，1959 年第九期。

6.〈補論戰國題銘的一些問題〉，李學勤，《文物》，1960 年第七期。

7.〈鶠公劍銘文復原和〝脽〞〝鶠〞字說〉，孫常敘，《考古》，1962 年第五期。

8.「鄂君啓節考釋」，于省吾，《考古》，1963 年第八期。

9.〈釬非紅之字原辨〉，金祥恆，《中國文字》第二十七冊，民國 57 年 3 月初版。

10.〈古代文字之辨證的發展〉，郭沫若，《考古學報》，1972 年第一期。

11.〈戰國楚竹簡概述〉，中文系古文字研究室楚簡整理小組，《中山大學學報》（哲學社會科學版），1978 年第四期。

12.〈簡牘文書之版式與標點符號〉，馬先醒，《簡牘學報》第七期，民國 69 年。

13.〈戰國邙布考〉，李家浩，《古文字研究》第三輯，北京，中華書局，1980 年 11 月第一版。

14.〈戰國楚竹簡文字略說〉，馬國權，《古文字研究》第三輯，北京，中華書局，1980 年 11 月第一版。

15.〈古漢字的形體結構及其發展階段〉，姚孝遂，《古文字研究》第四輯，北京，中華書局，1980 年 12 月第一版。

16.〈兩周金文數字合文初探〉，楊玉銘，《古文字研究》第五輯。北京，中華書局，1981 年 1 月第一版。

17.〈貨幣帛書文字叢考〉，周世榮，《古文字研究》第七輯，1982 年 6 月第一版。

18. 〈釋能和羸以及从羸的字〉，于省吾，《古文字研究》第八輯，北京，中華書局，1983 年 2 月第一版。

19. 〈鄂君啓節釋文〉，姚漢源，《古文字研究》第十輯，1983 年 7 月第一版。

20. 〈曾侯乙墓匫，器漆書文字初釋〉，饒宗頤，《古文字研究》第十輯，1983 年 7 月第一版。

21. 〈金文札記三則〉，劉宗漢，《古文字研究》第十輯，1983 年 7 月第一版。

22. 〈簡牘帛書中的〝天〞字〉，吳九龍，《出土文獻研究》，1985 年 6 月。

23. 〈臨沂漢簡通假字表〉，羅福頤，《古文字研究》第十一輯，1985 年 10 月第一版。

24. 〈論先秦文字中的「＝」符〉，林素清，《中央研究院歷史語言研究所集刊》第五十六本第四分，民國 74 年 12 月出版。

25. 〈談戰國文字的簡化現象〉，林素清，《大陸雜誌》第七十二卷第五期，民國 75 年 5 月。

26. 〈古璽合文考（十八篇）〉，吳振武，《古文字研究》第十七輯，1986 年 6 月第一版。

27. 〈古文字分類考釋論稿〉，張亞初，《古文字研究》第十七輯，1989 年 6 月第一版。

28. 〈論戰國文字的增繁現象〉，林素清，《中國文字》新十三期，民國 79 年 2 月。

29. 〈包山楚簡讀後記〉，湯餘惠，《考古與文物》，1993 年第二期。

30. 〈古文字形體的動態分析〉，陳初生，《語言文字學》，1993 年第三期。

31. 〈包山楚簡選釋〉，何琳儀，《江漢考古》，1993 年第四期。

32. 〈重文例〉，于省吾，《燕京學報》第三十七期。

（四）其 它

1. 〈美帝掠奪我國文物罪行一斑〉，載《文物參考資料》，1950 年十一期。

2. 《文物參考資料》，1955 年第七期，圖版廿四（下）。

3. 〈評《長沙發掘報告》〉，高至喜，《考古》，1962 年第一期。

4. 〈記新疆新發現的絹畫伏羲女媧像〉，馮華，《文物》，1962 年第七、八期。

5. 〈中國古代的神巫〉，林巳奈夫，《東方學報》（京都）第三十八冊，京都大學人文科學研究所，昭和四十二年 3 月（1967 年）。

6. 〈中國近五千年來氣候變遷的初步研究〉，竺可楨，《考古學報》，1972 年第一期。

7. 〈對照新舊摹本談楚國人物龍鳳帛畫〉，熊傳新，《江漢論壇》，1981 年第一期。

8. 〈楚月名初探〉，曾憲通，《古文字研究》第五輯，中華書局，1981 年 1
月第一版。

9. 〈夏小正月令異同論〉，莊雅州，《孔孟月刊》第二十一卷第十一期，民國
72 年 7 月。

10. 〈楚國有銘銅器編年概述〉，劉彬徽，《古文字研究》第九輯，1984 年 1
月第一版。

11. 〈關於我國古籍中的“龍”〉——談聞一多《伏羲考》《龍鳳》札記，施
樂，《古籍整理研究學刊》，1986 年第二期。

12. 〈關于鳳凰的傳說和用典〉，徐傳武，《古籍整理研究學刊》，1986 年第四
期。

13. 〈我國古籍中的“鳳凰”——讀聞一多《龍鳳》札記之二〉，施樂，《古籍
整理研究學刊》，1986 年第四期。

14. 〈楚國銅器銘文編年匯釋〉，李零，《古文字研究》第十三輯，1986 年 6
月第一版。

15. 〈伏羲新考〉，程德祺，《先秦、秦漢史》，1987 年 11 月刊。

16. 〈也談伏羲氏的地域和族系〉，李永先，《先秦、秦漢史》，1988 年 10 月
刊。

17. 〈良渚〝神人獸面紋〞析〉，劉方復，《文物天地》，1990 年第二期。

18. 〈伏羲女媧神話的文化意象——關於宗教與科學的起源和二者關係的演
變〉，金棹，《中國社會科學院研究生院學報》，1990 年第六期。

19. 〈商代青銅面具小考〉，宋新潮，《考古與文物》，1991 年第六期。

20. 〈跋石板村〝式圖〞鏡〉，李零，《文物天地》，1992 年第一期。

21. 〈楚國繪畫試析〉，蔡全法，《中原文物》，1992 年第二期。

22. 〈《日書》四方四維與五行淺說〉，劉信芳，《考古與文物》，1993 年第二
期。

23. 〈《楚「東國」地理研究》評介〉，晏昌貴，《江源論壇》，1993 年第十期。

附錄一

圖一　蔡修渙之帛書臨寫本

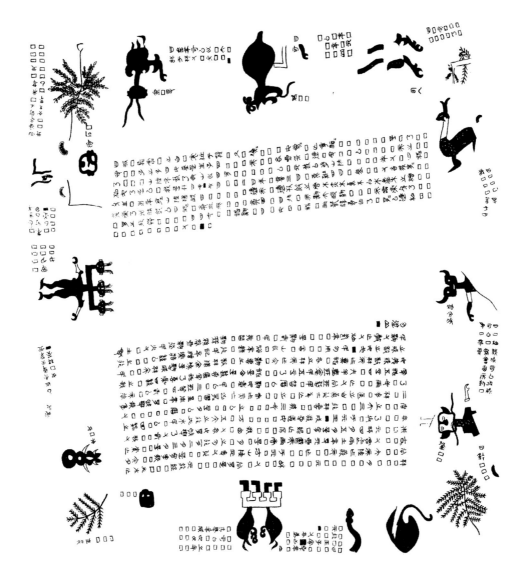

附錄一　圖二之一　佛利爾美術館之帛書全色彩色照片

圖二之二　佛利爾美術館之帛書全色彩色照片

圖二之三　佛利爾美術館之帛書全色彩色照片

圖二之四　佛利爾美術館之帛書全色彩色照片

圖三　紐約大都會博物館之帛書紅外線照片

附錄二　楚帛書摹本

筆者 1995 年 8 月摹

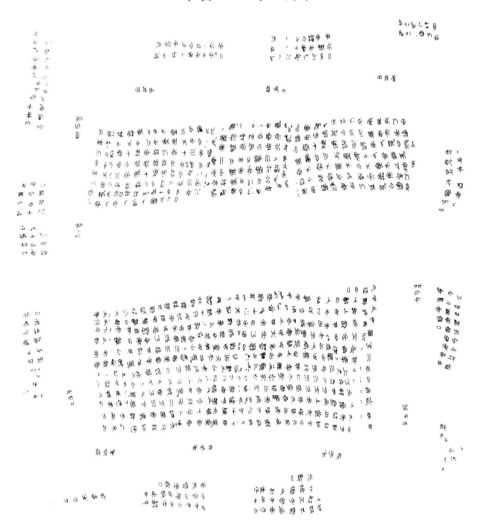

附錄三　楚帛書行款表

楚帛書行款表——〈四時篇〉

	一	二	三	四	五	六	七	八
01	曰	䖒	乃	相	夋	炎	爲	[illegible]
02	故	[illegible]	[illegible]	戈	生	帝	㫾	思
03	[illegible]	□	[illegible]	乃	[illegible]	[illegible]	之	[illegible]
04	龕	子	[illegible]	步	州	命	行	宵
05	霝	之	山	㠯	不	祝	共	[illegible]
06	虘	子	陵	爲	坪	[illegible]	攻	朝
07	出	曰	不	戠	山	㠯	[illegible]	[illegible]
08	自	女	𢦏	是	陵	四	[illegible]	晝
09	[illegible]	堇	乃	隹	備	神	十	又
10	霆	是	命	四	峡	[illegible]	日	[illegible]
11	凥	生	山	寺	四	奠	四	[illegible]
12	于	子	川	倀	[illegible]	三	寺	
13	䨻	四	囬	曰	[illegible]	天	[illegible]	
14	[illegible]	[illegible]	㬜	[illegible]	[illegible]	[illegible]	□	
15	厥	[illegible]	□	榑	至	思	神	
16	[illegible]	襄	黨	二	于	敦	則	

17	傀	而	然	曰	遊	奠	閏
18	从	埮	害	未	天	四	四
19	木、	多	笑	巳	旁	亞	竹
20	与	各	曰	瞷	達	曰	母
21	母	曑	爲	三	攷	非	思
22	夢	柴	亓	匕	戁	九	夕
23			我	親	之	天	
24	亡	逃	曰	黃	青	則	風
25	章	爲	涉	難	木	大	雨
26	殟	禹	山	四	赤	峽	晷
27		爲	陵	曰	木	則	禕
28		萬	瀧		黃	母	禽
29	水	曰	汩	墨	木		乍
30		司	凶	榯	白		乃
31	風		滿	千	木	天	送
32	雨	襄	未	又	墨	靁	昌
33		咎	又	百	木	帝	曰
34	於	而	昌	戩	之	癸	迥
35	乃	步	四	昌	精	乃	相
36	取		神				

楚帛書行款表——〈天象篇〉

	一	二	三	四	五	六	七	八	九	十	十一	十二	十三
01	佳	尚	亶	奉	咎	▨	二	乃	群	母	之	民	▨
02	□	▨	▨	▨	一	▨	□	▨	▨	弗	袚	則	從
03	□	□	□	□	▨	▨	▨	寺	五	或	敬	又	凶
04	▨	▨	又	亓	乃	上	▨	雨	正	敬	▨	殼	▨
05	月	天	電	邦	兵	▨	士	▨	四	佳	母	亡	
06	則	陞	雲	田	▨	三	匽	▨	▨	天	戈	又	
07	經	乍	雨	月	于	寺	出	亡	失	乍	福	相	
08	紳	羕	土	五	亓	是	自	又	羊	福	民	臺	
09	不	天	不	月	王	行	黃	▨	▨	神	勿	不	
10	旻	梧	旻	是	▨	佳	肖	丞	丞	▨	用	見	
11	亓	酉	亓	昌	凡	惠	土	恭	襄	各	▨	▨	
12	弇	乍	曑	禽	戠	匽	身	民	民	之	▨	▨	
13	春	濾	職	絽	惠	▨	亡	未	五	佳	百	是	
14	▨	降	天	亡	戠	▨	躲	智	正	天	▨	則	
15	昳	于	雨	尿	女	▨	出	▨	乃	乍	山	員	
16	▨	▨	▨	⺀	、	▨	▨	曰	明	▨	▨	▨	
17	□	□	▨	經	▨	▨	□	七	亓	神	▨	民	
18	又	方	▨	▨	亥	▨	同	則	神	則	浴	人	
19	▨	山	遊	戠	▨	▨	乍	母	是	惠	不	弗	
20	尚	陵	月	西	所	之	亓	童	言	之	欽	智	
21	昌	亓	閏	歲	所	曰	下	群	是	▨	▨	▨	
22	星	雙	之	又	▨	帝	凶	民	▨	敬	行	則	
23	▨	又	勿	咎	天	▨	昌	曰	惠	佳	民	無	
24	禽	肖	行	女	止	是	虞	▨	匽	備	祀	絽	
25	▨	厥	▨	昌	行	月	禽	三	群	天	不	祭	
26	亓	汨	二	既	卉	曰	星	神	丞	像	脂	▨	
27	行	是	月	禽	木	▨	辱	雙	乃	是	親	則	
28	經	昌	三	乃	民	曆	不	田	▨	惻	牆	▨	
29	紳	▨	月	又	人	為	可	▨	帝	戚	▨	▨	
30	▨	戠	是	員	曰	之	昌	員	日	佳	曰	▨	
31	□	□	▨	⺀	▨	王	既	曰	▨	天	禽	又	
32	▨	月	▨	東	田	▨	▨	、	▨	▨	川		
33	木	內	終	歲	淺	十	戠	天	之	▨	之	土	
34	亡	月	亡	又	之	又	季	尚	哉	民	行	事	

楚帛書行款表──〈宜忌篇〉

一　取于下
二　曰取乙🔲至不可曰
三　又殺壬子䣙子凶🔲
四　□北征銜又咎武于
五　□亓𣃚□

一　🔲司春
二　〔曰秉〕
三　🔲畜生分🔲
　
一　女此武
二　曰女可㠯出帀籔邑
三　🔲可㠯豪女取臣🔲
四　不亦旻不戚□

一　🔲取女
二　〔曰余〕不🔲曰乍大事少杲亓
三　□□龍🔲取女為邦芺□

一　🔲睹
二　🔲猷戠🔲□🔲曰匿不
三　見月才🔲□不可㠯言
四　祀凶🔲□□🔲臣妾□

一　倉🔲旻
二　曰倉不可㠯出帀水帀不🔲亓🔲
三　虞司顕

一　虞司顕
二　曰虞不可出帀水帀不🔲亓🔲

三　亓遉𡧹𡧹大人𡿧言曰𦣻▱

一　臧𡧹𡧹
二　曰〔臧〕𡧹𡧹曰籤室不
三　可〔曰〕𡧹𡧹腜不遉亓
四　𡧹𡧹𡧹𡧹𡧹𡧹𡧹凶▱

一　玄司睰
二　曰𡧹可𡧹𡧹𡧹𡧹
三　可𡧹偓乃𡧹

一　姑分長
二　曰姑利戕伐可曰攻城
三　可曰聚眾會者医型𡧹
四　事繆不義▱

一　易□𡧹
二　匕易不〔可〕毀事𡧹〔曰〕
三　折敓故𡧹義于田

一　荃𡧹𡧹
二　匕〔荃〕
三　敓𡧹言攻
四　　　　　　𡧹

※〔　　〕內之字，表殘缺但可據文例補進之字。

—323—

附錄四　楚帛書歷來研究論著

一、《晚周繒書考證》，蔡季襄，民國三十三年石印本，藝文印書館於民國六十一年六月影印石印本，為今行世之本。

二、《長沙（楚民族及其藝術）》卷二〈絹畫〉，蔣玄佁，上海今古出版社，一九五〇年。

三、〈先秦兩漢帛書考（附長沙楚墓絹質朵繪照片小記）〉，陳槃，《中央研究院歷史語言研究所集刊》第二十四本，民國四十二年六月。

四、〈關於晚周帛畫的考察〉，郭沫若，《人民文學》一九五三年第十一期。

五、〈長沙楚墓時占神物圖卷考釋〉，饒宗頤，香港大學《東方文化》第一卷第一期，一九五四年一月。

六、〈楚帛書〉（日文），饒宗頤，日本比野丈夫譯，日本平凡社《書道全集》第一卷，一九五四年。

七、〈近時出現的文字資料〉第四節〈長沙的布帛文書與竹簡〉（日文），梅原末治，日本平凡社《書道全集》卷一，昭和二十九年九月二十五日（一九五四年）。

八、〈論長沙出土之繒書〉，董作賓，《大陸雜誌》第十卷第六期，民國四十四年三月出版。

九、《文物參考資料》一九五五年第七期，圖版廿四。

十、〈長沙楚墓時占神物圖卷〉（日文），澤谷昭次，日本河出書房《定本書道全集》卷一，一九五六年十二月。

十一、〈長沙出土戰國繒書新釋〉，饒宗頤，《選堂叢書》（四），香港義友昌記

印務公司，一九五八年。

十二、〈A PRELIMINARY STUDY OF THE CHU SILK MANUSCRIPT～A new reconstruction of the text～〉，諾埃爾・巴納德，《華裔學志》第十七卷，一九五八年。

十三、〈戰國題銘概述〉（下），李學勤，《文物》一九五九年第九期。

十四、〈讀“戰國題銘概述”〉，陳世輝，《文物》一九六〇年第一期。

十五、〈補論戰國題銘的一些問題〉，李學勤，《文物》一九六〇年第七期。

十六、〈楚繒書上之神像〉（日文），金關丈夫，據饒宗頤〈楚繒書十二月名覆論〉所引，一九六一年。

十七、《書於竹帛》第六章〈長沙帛書〉（英文），錢存訓，美國芝加哥大學出版社，一九六二年。

十八、《中國考古》冊三《周代》第十五章〈帛書〉（英文），英國劍橋大學出版社，一九六三年。

十九、〈長沙戰國繒書及其有關問題〉，安志敏、陳公柔，《文物》一九六三年第九期。

二十、〈戰國楚帛書述略〉，商承祚，《文物》一九六四年第九期。

二一、〈長沙出土戰國帛書考〉，林巳奈夫，《東方學報》（京都）第三十六冊第一分，昭和三十九年十月（一九六四年十月）。

二二、〈楚國帛書中間兩段韻文試讀〉，李棪，（油印本）爲作者於倫敦大學東方非洲學院演講稿，一九六四年十二月。

二三、〈楚國帛書文字近二十年研究之總結〉（據嚴一萍〈楚繒書新考〉所引，出版年月未詳，原文未見。）

二四、〈楚繒書十二月名覆論〉，饒宗頤，〈大陸雜誌〉第三十卷第一期，民國五十四年元月出版。

二五、〈長沙出土戰國帛書考補正〉，林巳奈夫，《東方學報》（京都）第三十七冊，昭和四十一年三月（一九六六年）。

二六、〈中國古代的神巫〉，林巳奈夫，《東方學報》（京都）第三十八冊，京都大學人文科學研究所，昭和四十二年三月（一九六七年）。

二七、〈沙可樂所藏楚帛書〉（英文），沙可樂（A・M・Sackler），紐約，一九六七年八月。

二八、〈楚國帛書諸家隸定句讀異同表〉（稿本），李棪，一九六八年。

二九、〈楚繒書新考〉（上），嚴一萍，《中國文字》第二十六冊，民國五十六年十二月出版。

三十、〈楚繒書新考〉（中），嚴一萍，《中國文字》第二十七冊，民國五十七年三月出版。

三一、〈楚繒書新考〉（下），嚴一萍，《中國文字》第二十八冊，民國五十七年六月出版。

三二、〈楚繒書「𩁹虘」解〉，金祥恆，《中國文字》第二十八冊，民國五十七年六月。

三三、〈楚繒書之摹本及圖像——三首神、肥遺與印度古神話之比較——〉，饒宗頤，《故宮季刊》三卷二期一九六八年十月。

三四、〈楚繒書疏證〉，饒宗頤，《中央研究院歷史語言研究所集刊》第四十冊（上），一九六八年十月。

三五、〈楚繒書疏證跋〉，陳槃，《中央研究院歷史語言研究所集刊》第四十冊（上），一九六八年十月。

三六、〈楚繒書文字拾遺〉，唐健垣，《中國文字》第三十冊，民國五十七年十二月。

三七、〈楚帛書〉（英文），諾埃爾・巴納德，紐約，一九七〇年。

三八、〈楚帛書文字的韻與律〉（英文），諾埃爾・巴納德，坎培拉，一九七一年。

三九、〈評巴納《楚帛書文字的韻與律》〉，李棪，香港中文大學《中國文化研究所學報》第四卷第二期。

四十、〈對一部中文書——楚帛書進行釋讀、翻譯和考證之前的科學鑑定〉（英文），諾埃爾・巴納德，坎培拉，一九七一年。

四一、〈長沙出土楚帛書的十二神的由來〉，林巳奈夫，日本京都《東方學報》冊四二，昭和四十六年三月（一九七一年）。

四二、〈楚帛書及其它古代中國出土文書〉（英文），諾埃爾・巴納德，載哥倫比亞大學學術討論會論文集《古代中國藝術及其在太平洋地區之影響》冊一（英文），諾埃爾・巴納德，紐約，一九七二年。

四三、〈從先秦兩漢絲織品工藝推測楚帛書之質地〉（英文），吉恩・梅蕾（Jean E・Mailey），出處同上書。

四四、〈從繒書所見楚人對於曆法、占星及宗教觀念〉（英文），饒宗頤，出處

同上書。

四五、〈長沙出土戰國帛書十二神考〉（英文），林已奈夫，出處同上書。

四六、〈古代文字的辨證之發展〉，郭沫若，《考古學報》，一九七二年第一期。

四七、《THE CHU SILK MANUSCRIPT --Translation and Commentary--》 Noel Barnard Published by Deparment of Far Eastern History Reserch School of Pacific Studies Institute of Advanced Studies The Australian Nation University Canberra. 1973．

四八、〈長沙子彈庫戰國木槨墓〉，湖南省博物館，《文物》一九七四年第二期。

四九、《中國古代書史》，錢存訓，此係根據周寧森博士之中文譯稿《書於竹帛》增訂而成，香港中文大學出版社，一九七五年三月，有關楚帛書部份，為第六章〈帛書〉。於民國七十六年九月，藍燈出版社重行翻印該書。

五十、《春秋戰國楚器文字研究》第七章第六節〈繒書〉，莊富良，香港中文大學研究院語言文學部碩士論文，一九七五年。

五一、〈神話的世界〉，吉田光邦，《古代中國》，世界文明史、世界風物誌聯合編輯小組，地球出版社，民國六十七年十一月三十日。

五二、《先秦楚文字研究》上編第二章〈楚繒書概述〉，許學仁，台灣師範大學國文研究所碩士論文，一九七九年六月。

五三、《先秦楚文字研究》下編〈考釋篇〉，許學仁，台灣師範大學國文研究所碩士論文，一九七九年六月。

五四、《先秦楚文字研究》附編〈楚繒書諸家隸定句讀異同表〉，許學仁，台灣師範大學國文研究所碩士論文，一九七九年六月。

五五、《先秦楚文字研究》附編〈楚繒書單字合文檢字表〉，許學仁，台灣師範大學國文研究所碩士論文，一九七九年六月。

五六、〈楚月名初探〉，曾憲通，《中山大學學報》（社會科學版）一九八〇年第一期。

五七、〈關於楚文化的新探索〉，俞偉超，《江漢考古》一九八〇年第一期。

五八、〈戰國楚帛書文字考證〉，陳邦懷，《古文字研究》第五輯，一九八一年一月第一版。

五九、〈楚月名初探——兼談昭固墓竹簡的年代問題〉，曾憲通，《古文字研究》第五輯，一九八一年一月第一版。

六十、〈論楚帛書中的天象〉，李學勤，《湖南考古輯刊》第一集，一九八二年
　　　十二月。

六一、〈湖南楚墓出土古文字叢考〉，周世榮，《湖南考古輯刊》第一集，一九
　　　八二年十二月。

六二、〈楚帛書上的繪畫〉，莊申，香港《百姓》第四十一期，一九八三年二
　　　月。

六三、〈楚文字考釋〉，許學仁，《中國文字》新第七期，民國七十二年四月版。

六四、〈戰國楚帛書考〉，陳夢家，《考古學報》一九八四年第二期。

六五、《東周與秦代文明》第二十七章，李學勤，文物出版社，一九八四年六
　　　月。

六六、〈楚帛書中的古史與宇宙觀〉，李學勤，《楚史論叢》初集，張正明主編，
　　　湖北人民出版社，一九八四年十月第一版。

六七、〈楚帛書《月令》篇考釋〉，曹錦炎，《江漢考古》一九八五年第一期。

六八、〈簡牘帛書中的「夭」字〉，吳九龍，《出土文獻研究》，文物出版社一
　　　九八五年六月。

六九、《長沙子彈庫戰國楚帛書研究》，李零，北京，中華書局，一九八五年
　　　七月第一版。

七十、〈楚帛書新證〉，饒宗頤，《楚帛書》，饒宗頤，曾憲通，香港，中華書
　　　局，一九八五年九月版。

七一、〈楚帛書十二月名與爾雅〉，饒宗頤，《楚帛書》，饒宗頤，曾憲通，香
　　　港，中華書局，一九八五年九月版。

七二、〈楚帛書之內涵及其性質試說〉，饒宗頤，《楚帛書》，饒宗頤，曾憲通，
　　　香港，中華書局，一九八五年九月版。

七三、〈楚帛書之書法藝術〉，饒宗頤，《楚帛書》，饒宗頤，曾憲通，香港，
　　　中華書局，一九八五年九月版。

七四、〈楚帛書研究四十年〉，曾憲通，《楚帛書》，饒宗頤，曾憲通，香港，
　　　中華書局，一九八五年九月版。

七五、〈楚帛書文字編〉，曾憲通，《楚帛書》，饒宗頤，曾憲通，香港，中華
　　　書局，一九八五年九月版。

七六、〈楚繪書研究〉，高明，《古文字研究》第十二輯，一九八五年十月第一
　　　版。

七七、〈長沙帛書通釋〉，何琳儀，《江漢考古》一九八六年第一期。

七八、〈長沙帛書通釋〉，何琳儀，《江漢考古》一九八六年第二期。

七九、〈長沙帛書考釋（五篇）〉，朱德熙，中國古文字研究會第六屆年會論文，
　　　一九八六年八月。

八十、《戰國史》第十一章第六節〈月令的五行相生說和鄒衍的五德終始說〉，
　　　楊寬，谷風出版社，一九八六年九月。

八一、〈長沙楚帛書通論〉，李學勤，《楚文化研究論集》第一集，荊楚書社出
　　　版，一九八七年一月第一版。

八二、《中國古文字學通論》第八章第二節〈繒書〉，高明，文物出版社一九
　　　八七年四月第一版。

八三、〈再論楚帛書十二神〉，李學勤，《湖南考古輯刊》第四集，一九八七年
　　　十月。

八四、《書法》第一章圖版三十一，周鳳五，幼獅文化事業公司，民國七十七
　　　年三月修訂再版。

八五、〈長沙楚帛書文字考釋之辨正〉，陳秉新，《文物研究》一九八八年第四
　　　期。

八六、〈繒書周邊十二肖圖研究〉（英文），諾埃爾・巴納德，《中國文字》新
　　　十二期，民國七十七年七月初版。

八七、〈《長沙子彈庫戰國楚帛書研究》補正〉，李零，中國古文字研究會成立
　　　十週年紀念論文，一九八八年八月。

八八、〈商代的四方風名與八卦〉，連劭名，《文物》一九八八年第十一期。

八九、《中國古代史參考圖錄》（戰國時期），中國歷史博物館編，上海教育出
　　　版社，一九八九年四月第一版。

九十、〈談祝融八姓〉，李學勤，《李學勤集》，黑龍江教育出版社，一九八九
　　　年五月第一版。

九一、〈長沙戰國楚帛書的書法〉，林進忠，《台灣美術》一九八九年第六期。

九二、〈長沙子彈庫第二帛書探要〉，李學勤，《江漢考古》一九九〇年第一期。

九三、〈長沙子彈庫戰國楚帛書行款問題質疑〉，徐山，《考古與文物》一九九
　　　〇年第五期。

九四、〈楚帛書目驗記〉，李零，《文物天地》一九九〇年第六期。

九五、〈長沙楚帛書與卦氣說〉，連劭名，《考古》一九九〇年第九期。

九六、《中國古代社會》第十八章〈祭祀與迷信〉，許進雄，商務印書館，民國七十九年十二月第二版。

九七、〈楚帛書天象再議〉，饒宗頤，《中國文化》一九九〇年第三期。

九八、《中國古代圖書事業史》第一章第二節之一〈簡策與書寫工具〉，來新夏等著，上海人民出版社，一九九〇年四月第一版。

九九、〈楚帛書天象再議〉，饒宗頤，《中國文化》一九九〇年十二月第三期。

一〇〇、〈長沙楚帛書與中國古代的宇宙論〉，連劭名，《文物》一九九一年第二期。

一〇一、《中國神話史》，袁珂，時報文化出版社，民國八十年五月二十日初版，附圖。

一〇二、〈說殷代的「亞形」〉，張光直，《考古與歷史文化》（上）慶祝高去尋先生八十大壽論文集，宋文薰等主編，正中書局，民國八十年六月臺初版。

一〇三、《中華古文明大圖集》第二部《神農》第十一章〈物候定時・古老的物候曆〉，宜新文化事業有限公司、樂天文化（香港）公司聯合出版，一九九二年十一月第一版。

一〇四、〈記商承祚教授藏長沙子彈庫楚國殘帛書〉，商志譚，《文物》一九九二年第十一期。

一〇五、〈長沙子彈庫殘帛文字小記〉，饒宗頤，《文物》一九九二年第十一期。

一〇六、〈試論長沙子彈庫楚帛書殘片〉，李學勤，《文物》一九九二年第十一期。

一〇七、《中國書籍簡史》第三章第二節之四〈長沙繪書及帛畫〉，嚴文郁，台灣商務印書館，民國八十一年十一月初版。

一〇八、《長沙楚帛書文字編》，曾憲通，北京，中華書局，一九九三年二月第一版。

一〇九、〈楚帛書新證〉，饒宗頤，《楚地出土文獻三種研究》饒宗頤、曾憲通合著，北京中華書局一九九三年八月第一版。

一一〇、〈論楚帛之二氣與魂魄二元觀念及漢初之宇宙生成論〉，饒宗頤，《楚地出土文獻三種研究》饒宗頤、曾憲通合著，北京中華書局一九九三年八月第一版。

一一一、〈楚帛書十二月名與爾雅〉，饒宗頤，《楚地出土文獻三種研究》饒宗

頤、曾憲通合著，北京中華書局一九九三年八月第一版。

一一二、〈楚帛書之內涵及其性質試說〉，饒宗頤，《楚地出土文獻三種研究》饒宗頤、曾憲通合著，北京中華書局一九九三年八月第一版。

一一三、〈楚帛書象緯解〉，饒宗頤，《楚地出土文獻三種研究》饒宗頤、曾憲通合著，北京中華書局一九九三年八月第一版。

一一四、〈帛書丙篇與日書合證〉，饒宗頤，《楚地出土文獻三種研究》饒宗頤、曾憲通合著，北京中華書局一九九三年八月第一版。

一一五、〈楚帛書之書法藝術〉，饒宗頤，《楚地出土文獻三種研究》饒宗頤、曾憲通合著，北京中華書局一九九三年八月第一版。

一一六、〈楚月名初探──兼談昭固墓竹簡的年代問題〉，曾憲通，《楚地出土文獻三種研究》饒宗頤、曾憲通合著，北京中華書局一九九三年八月第一版。

一一七、〈楚帛書研究述要〉，曾憲通，《楚地出土文獻三種研究》饒宗頤、曾憲通合著，北京中華書局一九九三年八月第一版。

一一八、《簡帛佚籍與學術史》第二篇楚帛書研究〈楚帛書中的天象〉，李學勤，時報文化出版，一九九四年十二月二十日。

一一九、《簡帛佚籍與學術史》第二篇楚帛書研究〈楚帛書中的古史與宇宙論〉，李學勤，時報文化出版，一九九四年十二月二十日。

一二○、《簡帛佚籍與學術史》第二篇楚帛書研究〈再論帛書十二神〉，李學勤，時報文化出版，一九九四年十二月二十日。

一二一、《簡帛佚籍與學術史》第二篇楚帛書研究〈論楚帛書殘片〉，李學勤，時報文化出版，一九九四年十二月二十日，頁七十一至頁八十一。

一二二、《簡帛佚籍與學術史》第二篇楚帛書研究〈楚帛書和道家思想〉，李學勤，時報文化出版，一九九四年十二月二十日，頁八十二至九十。

一二三、《簡帛佚籍與學術史》第二篇楚帛書研究〈《鶡冠子》與兩種帛書〉，李學勤，時報文化出版，一九九四年十二月二十日，頁九十一至頁一○四。

※附註：本附錄早期之研究論著，參考自〈楚帛書研究四十年〉，曾憲通，《楚帛書》，饒宗頤、曾憲通，香港，中華書局，一九八五年九月版。

附錄五　楚帛書文字編

凡　例

1. 本字形表據筆者一九九五年八月楚帛書摹寫本編成。摹寫本係依紅外線照片影本放大一・二九七三倍後摹寫而得。
2. 本字形表分一、單字，二、重文、合文，三、殘字，四、待問字第四類。
3. 凡字形析離爲二部分，或殘缺一筆以上，即歸入殘字之列，殘字又可分識殘字與不可識殘字二部份。重文及合文有殘形者，以其字少，故均歸入該部而不另列，並於字形出處加一「殘」字以明之。
4. 表內之字，以隸寫筆畫之多寡爲次，筆畫相同者，則又按帛書正置時閱讀之先後爲序，即首以八行文〈四時篇〉，次以十三行文〈天象篇〉、末則爲邊文〈宜忌篇〉。
5. 字形編號，以各篇首字代表篇名，如「四」表〈四時篇〉;「天」表〈天象篇〉;「宜」表〈宜忌篇〉。
6. 每字之上，序以字號，字首標以隸字之字，再下則楚帛書摹寫之字形及出處。爲便檢字，各部連爲一貫，字號之編排，以 001 爲始，以 446 爲終。
7. 字形表出處舉例說明：

014　川 （四 3.12）　表「川」爲總字第 014 字，見〈四時篇〉第三行第十二個字。

019　凡 （天 5.11）　表「凡」字爲總字第 019 字，見於〈天象篇〉第五行第十一個字。

061　玄 （宜 9.11）、097　邑 （宜 2.02）

〈宜忌篇〉之次第，以各該章章題爲第一行，章文之首行爲第二行。如所舉之「玄」（宜9.01），表「玄」字爲總字第061字，見於〈宜忌篇〉九月第一行（即章題）；「邑」（宜2.02），表「邑」字爲總字第097字，見於〈宜忌篇〉二月第二行（即章文首行）。

8. 爲方便查檢，字形表表末附以楚帛書筆畫檢索表。文字編排，以筆畫之多寡爲次，每次之上序以字號，殘字則於字號前加「‧」爲識。

一、單　字

001	宜1‧2				
乙					
002	四4‧16	天3‧26	天7‧1		
二					
003	四4‧32	四8‧9	天1‧18	天2‧23	天3‧4
又					
	天4‧22	天4‧29	天4‧34	天6‧34	天8‧8
	天12‧3	天12‧6	天12‧31	宜1‧4	宜7‧3
004	四7‧9				
九					
005	四6‧22	天6‧33			
十					
006	天5‧29	天12‧18			
人					
007	四1‧12	四5‧16	天2‧15	天5‧7	宜1‧1
于					
	宜1‧4	宜7‧3	宜10‧3		

008	四1·24	天1·34	天3·34	天4·14	天7·13
亡					
	天8·7	天12·5			
009	四1·35	四3·1	四3·9	四4·3	四6·35
乃					
	四7·30	天4·28	天5·4	天8·1	天9·15
	天9·27	宜9·3			
010	四2·4	四2·6	四2·12	宜1·3	宜1·3
子					
011	四2·5	四5·23	四5·34	四7·3	天3·22
之					
	天5·34	天6·20	天6·30	天9·33	天10·12
	天10·20	天11·1	天11·33		
012	四2·8	天4·24	天5·15	宜2·1	宜2·2
女					
	宜2·3	宜4·1	宜4·3		
013	四3·5	四3·11	四3·26	四5·7	天2·19
山					
	天11·15				
014	四3·12	宜7·2			
川					

015	四 4 · 21	四 6 · 12	天 3 · 28	天 6 · 6	天 8 · 25
三	三	三	三	三	三
016	四 4 · 31				
千	千				
017	四 6 · 25	宜 4 · 2	宜 6 · 3	宜 7 · 2	
大	大	大	大	大	
018	天 3 · 8	天 7 · 11	天 12 · 33		
土	土	土	土		
019	天 5 · 11				
凡	凡				
020	天 6 · 4				
上	上				
021	天 7 · 21	宜 1 · 1			
下	下	下			
022	宜 5 · 3				
才	才				
023	四 1 · 1	四 2 · 7	四 4 · 13	四 4 · 17	四 4 · 27
日	日	日	日	日	日
	四 6 · 20	天 9 · 30	宜 1 · 2	宜 2 · 2	宜 6 · 2
	日	日	日	日	日
	宜 7 · 2	宜 8 · 2	宜 9 · 2	宜 11 · 2	
	日	日	日	日	
024	四 1 · 29	宜 6 · 2			
水	水	水			
025	四 3 · 7	四 5 · 5	天 1 · 9	天 3 · 9	天 7 · 28
不	不	不	不	不	不

	天 11・19	天 11・25	天 12・9	宜 1・2	宜 2・4
	宜 2・4	宜 4・2	宜 5・2	宜 5・3	宜 6・2
	宜 7・2	宜 7・2	宜 8・2	宜 8・3	宜 10・2
	宜 11・4				
026 亓	四 3・22	天 1・11	天 1・26	天 2・21	天 3・11
	天 4・4	天 5・8	天 7・20	宜 1・5	宜 4・2
	宜 6・2	宜 6・3	宜 8・3		
027 戈	四 4・2	天 11・6			
028 天	四 5・18	四 6・13	四 6・23	四 6・31	天 2・5
	天 2・9	天 3・14	天 8・33	天 10・6	天 10・14
	天 10・25	天 10・31			
029 木	四 5・25	四 5・27	四 5・29	四 5・31	四 5・33
	天 1・33	天 5・27			

030	四7·10				
日	◒				
031	天1·5	天2·32	天2·34	天3·20	天3·27
月	𠂤	𠂤	𠂤	𠂤	𠂤
	天3·29	天4·7	天4·9	天6·25	宜5·3
	𠂤	𠂤	𠂤	𠂤	𠂤
032	天2·18				
方	方				
033	天2·33	宜7·3			
內	內	夬			
034	天3·23	天11·9			
勿	勿	勿			
035	天4·8	天9·3	天9·13		
五	五	五	五		
036	天5·9				
王	王				
037	天5·23				
夭	夭				
038	天7·22	天13·3	宜1·3	宜5·4	宜8·4
凶	凶	凶	凶	凶	凶
039	宜1·3				
壬	王				
040	宜2·2	宜6·2	宜6·2		
帀	帀	帀	帀		
041	宜3·3	宜11·1			
分	分	分			
042	宜4·2				
少	少				

043	四1・7	天7・7	天7・15	宜2・2	宜6・2
出					
044	四1・11				
冗					
045	四1・21	四6・28	四7・20	天8・19	天10・1
母					
	天11・5				
046	四2・11	四5・2	宜3・3		
生					
047	四2・13	四3・35	四4・10	四4・26	四5・11
四					
	四6・8	四7・11	四7・18	天9・5	
048	四2・29	四3・20	四3・24	四4・5	四6・7
吕					
	四7・33	天5・30	天6・21	天6・26	天8・16
	天8・23	天8・31	天11・30	宜1・2	宜2・2
	宜2・3	宜4・2	宜5・2	宜5・3	宜6・3
	宜7・2	宜8・2	宜11・2	宜11・3	宜12・3
049	四2・30	宜3・1	宜6・1	宜9・1	
司					
050	四3・32	四4・18	天8・13		
未					

051	四 5・30				
白					
052	四 7・29	天 2・7	天 2・12	天 7・19	天 10・7
乍					
	天 10・15	宜 4・2			
053	天 5・28	天 8・12	天 8・22	天 9・12	天 10・34
民					
	天 11・8	天 11・23	天 12・1	天 12・17	
054	天 7・29				
回					
055	天 9・4	天 9・14			
正					
056	天 9・7				
失					
057	天 10・2	天 12・19			
弗					
058	天 11・10				
用					
059	宜 1・4				
北					
060	宜 2・2	宜 2・3	宜 5・3	宜 6・2	宜 8・3
可					
	宜 9・3	宜 11・2	宜 11・3		

061 玄	宜 9・1				
062 自	四 1・8	天 7・8			
063 氐	四 1・15	天 2・25			
064 而	四 2・17	四 2・34			
065 各	四 2・20	天 10・11			
066 凼	四 3・30				
067 寺	四 4・11	四 7・12	天 6・7	天 8・3	
068 百	四 4・33	天 11・13			
069 州	四 5・4				
070 至	四 5・15	宜 1・2			
071 行	四 7・4	天 1・27	天 3・24	天 5・25	天 6・9
	天 11・22	天 11・34			
072 共	四 7・5				

073	天 4·15				
尿					
074	天 4·20				
西					
075	天 5·18				
亥					
076	天 5·26				
卉					
077	天 7·18				
同					
078	天 9·8				
羊					
079	宜 2·1				
此					
080	宜 2·3	宜 5·4			
臣					
081	宜 2·4				
亦					
082	宜 11·2				
伐					
083	四 2·35	四 4·4			
步					
084	四 3·13	四 6·18	天 4·6	天 5·32	天 8·28
田					
085	四 3·29				
泪					

086	四 5・1	四 6・34			
夋					
087	四 5・21				
攼					
088	四 5・26				
赤					
089	四 7・6				
攻					
090	天 4・5	宜 4・3	宜 7・3		
邦					
091	天 4・23	天 5・1			
吝					
092	天 5・5				
兵					
093	天 7・4				
孛					
094	天 7・12				
身					
095	天 8・10	天 8・26	天 9・10		
死					
096	天 12・10	宜 5・3			
見					
097	宜 2・2				
邑					
098	宜 10・3				
折					

099	宜 11・2				
利					
100	宜 11・2				
攻					
101	宜 11・3				
医					
102	四 1・32	四 7・25	四 3・7	天 3・15	天 8・4
雨					
103	四 1・34				
於					
104	四 1・36	宜 2・3	宜 4・3		
取					
105	四 2・33	宜 1・4	宜 9・3		
咎	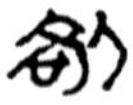	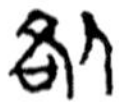			
106	四 3・10	四 6・4			
命					
107	四 4・9	天 1・1	天 6・10	天 10・5	天 10・13
隹					
	天 10・23	天 10・30			

108	四 5・6				
坪					
109	四 5・24				
青					
110	四 6・1				
炎					

111	四 6・21			
非				
112	天 1・20	天 2・1	天 8・34	
尚				
113	天 4・1			
奉				
114	天 4・32			
東				
115	天 5・21			
所				
116	天 7・34			
季				
117	天 9・16			
明				
118	天 10・3			
或				
119	天 10・29	宜 2・4		
戌				
120	天 11・24	宜 5・4		
祀				
121	天 12・34	宜 4・2	宜 10・2	宜 11・4
事				
122	宜 1・1	宜 1・2	宜 4・1	
取				
123	宜 1・4			
征				

124 武	宜1·4	宜2·1			
125 杲	宜4·2				
126 芺	宜4·3				
127 妾	宜5·4				
128 姑	宜11·1	宜11·2			
129 長	宜11·1				
130 故	宜11·3				
131 者	四1·2				
132 風	四1·31	四7·24			
133 是	四2·10	四4·8	天2·27	天3·30	天4·10
	天6·8	天6·24	天9·19	天9·21	天10·27
	天12·13				
134 祟	四2·22				
135 逃	四2·24				

136	四2·25	四2·27	四3·21	四4·6	四7·1
爲	〔字形〕	〔字形〕	〔字形〕	〔字形〕	〔字形〕
	天6·29	宜4·3			
	〔字形〕	〔字形〕			
137	四2·26				
禹	〔字形〕				
138	四3·14				
昏	〔字形〕				
139	四4·1	四7·35	天12·7		
相	〔字形〕	〔字形〕	〔字形〕		
140	四5·10	四6·26			
峽	〔字形〕	〔字形〕			
141	四6·2	四6·33	天9·29		
帝	〔字形〕	〔字形〕	〔字形〕		
142	四6·15	四7·21	四8·2		
思	〔字形〕	〔字形〕	〔字形〕		
143	四6·24	四6·27	四7·16	天1·6	天8·18
則	〔字形〕	〔字形〕	〔字形〕	〔字形〕	〔字形〕
	天10·18	天12·2	天12·14	天12·22	天12·27
	〔字形〕	〔字形〕	〔字形〕	〔字形〕	〔字形〕
144	天1·10	天3·10	宜2·4	宜7·1	
晏	〔字形〕	〔字形〕	〔字形〕	〔字形〕	
145	天1·13	宜3·1			
春	〔字形〕	〔字形〕			
146	天1·15	宜9·1			
昧	〔字形〕	〔字形〕			

147	天 1・22	天 7・26		
星	(字形)	(字形)		
148	天 2・24	天 7・10		
牖	(字形)	(字形)		
149	天 2・26			
洍	(字形)			
150	天 2・28	天 4・11		
胃	(字形)	(字形)		
151	天 4・26	天 7・31		
既	(字形)	(字形)		
152	天 4・30	天 8・30	天 12・15	
員	(字形)	(字形)	(字形)	
153	天 9・20	宜 5・3	宜 6・3	
富	(字形)	(字形)	(字形)	
154	天 9・34			
哉	(字形)			
155	天 11・2			
袄	(字形)			
156	宜 1・3			
酉	(字形)			
157	宜 5・2			
歔	(字形)			
158	宜 10・2			
昜	(字形)			
159	宜 11・2			
城	(字形)			

160	四 3・18				
害	<数字>				
161	四 3・25				
涉	<数字>				
162	四 3・36	四 6・9	四 7・15	天 9・18	天 9・26
神	<数字>	<数字>	<数字>	<数字>	<数字>
	天 10・9	天 10・17			
	<数字>	<数字>			
163	四 4・12				
佷	<数字>				
164	四 6・5				
祝	<数字>				
165	四 8・4				
宵	<数字>				
166	天 2・14				
降	<数字>				
167	天 8・11				
恭	<数字>				
168	天 11・18				
浴	<数字>				
169	宜 3・3				
畜	<数字>				
170	宜 7・1	宜 7・2			
倉	<数字>	<数字>			
171	宜 8・3				
脽	<数字>				

編號					
172	宜9·3				
遅					
173	宜10·3				
敬					
174	宜11·3				
型					
175	四1·25				
章					
176	四2·9				
菫					
177	四2·18				
埈					
178	四3·6	四3·27	四5·8	天2·20	
陵					
179	四4·7	四4·34	天2·30	天4·19	天5·12
戠	天6·14	天7·33			
180	四6·16				
敦					
181	四8·8				
畫					
182	天1·8	天1·29			
紬					
183	天2·6				
堅					

184	天 2・8				
羙					
185	天 2・11	天 11・28			
酒					
186	天 3・6				
雺					
187	天 3・33				
終					
188	天 5・13	天 6・11	天 9・23		
悳					
189	天 5・14	天 6・12	天 7・6	天 9・24	宜 5・2
匿					
190	天 5・33				
淺					
191	天 7・27				
唇					
192	天 11・26				
脂					
193	天 12・25				
祭					
194	天 13・2				
從					
195	宜 1・3				
殺					
196	宜 7・3				
訢					

197	宜 7・3				
梟	[字形]				
198	宜 8・1				
臧	[字形]				
199	宜 11・3				
眾	[字形]				
200	四 3・8				
歠	[字形]				
201	四 4・24	四 5・28	天 7・9		
黃	[字形]	[字形]	[字形]		
202	四 5・9	天 10・24			
備	[字形]	[字形]			
203	四 5・17	宜 6・3	宜 8・3		
返	[字形]	[字形]	[字形]		
204	四 5・35				
精	[字形]				
205	四 6・11	四 6・17			
奠	[字形]	[字形]			
206	四 7・17	天 3・21			
閏	[字形]	[字形]			
207	四 7・28	天 1・24	天 4・12	天 4・27	天 7・25
禽	[字形]	[字形]	[字形]	[字形]	[字形]
	天 11・31				
	[字形]				
208	四 8・6				
朝	[字形]				

209	天 1・7	天 1・28			
綛	綛	綛			
210	天 1・12				
瀱	瀱				
211	天 4・13				
綹	綹				
212	天 5・6				
矞	矞				
213	天 6・28				
曆	曆				
214	天 8・14	天 12・20			
智	智	智			
215	天 8・20				
童	童				
216	天 10・19				
惠	惠				
217	天 11・20				
欽	欽				
218	天 12・23				
無	無				
219	天 12・24				
綃	綃				
220	宜 5・1				
晴	晴				
221	四 1・4				
龕	龕				

222	四 1・6			
虞				
223	四 2・1	宜 6・1	宜 6・2	
虞				
224	四 2・28			
萬				
225	四 3・17			
戮				
226	四 7・34			
遡				
227	天 3・5			
電				
228	天 8・21	天 9・1	天 9・25	
羣				
229	天 10・4	天 10・22	天 11・3	
敬				
230	天 10・28			
慰				
231	天 12・4			
穀				
232	宜 1・4			
衛				
233	宜 10・3	宜 11・4		
義				

234	宜 11・2				
戕	戕				
235	宜 11・3				
會	會				
236	天 2・10				
梧	梧				
237	天 10・8				
福	福				
238	天 10・26				
像	像				
239	宜 2・3				
豪	豪				
240	宜 10・3				
敘	敘				
241	宜 11・3				
聚	聚				
242	宜 12・1				
荃	荃				
243	宜 12・3				
敳	敳				
244	四 1・10				
霆	霆				
245	四 2・21	天 3・12			
曑	曑	曑			
246	四 4・20				
嘼	嘼				

247	四4‧29	四5‧32			
墨					
248	四5‧20				
遑					
249	四7‧27				
褘					
250	天3‧19				
遊					
251	天4‧21	天4‧33			
䁥					
252	天7‧24				
膚					
253	宜5‧2				
戲					
254	四3‧31				
潢					
255	天9‧11				
襄					
256	宜11‧4				
膠					
257	四2‧16	四2‧32			
襄					
258	四3‧16				
熏					
259	四4‧15	四4‧30			
樾					

260	四5·22			
斀				
261	四6·32			
霝				
262	四7·26			
㕻				
263	天7·14			
魌				
264	宜1·5			
歐				
265	宜4·3			
龍				
266	宜6·1			
顠				
267	宜10·2			
毇				
268	天2·13			
瀘				
069	天3·13			
職				
270	天12·8			
蠢				
271	四1·13			
黶				
272	宜2·2	宜8·2		
簸				

273	四1·5				
霝					
274	四3·28				
瀧					
275	四4·25				
難					
276	天2·22	天8·27			
雙					
277	四6·6				
彊					
278	天9·31				
鰵					
279	天11·29				
鰵					
280	宜8·2				
室					

二、重文、合文

（一）重　文

281	四1·22				
夢					
282	四1·23殘				
墨					
283	四1·26				
殹					
284	天2·29				
㞷					
285	天3·17殘				

（二）合　文

286	四1·17				
俀					
287	四3·2殘				
壱					
288	四3·34	四4·35	四7·2	四7·32	天1·21
冑					
	天4·25	天7·23	天7·30		
189	天3·1				
亘					

290	天 3・2 殘				
旮	𠂉				
291	天 3・25				
冃	冋				
292	宜 6・3				
羍	羍				

三、殘　字

（一）可識殘字

293	四 3・33	四 8・3	四 8・5	四 8・7	宜 8・4
又	又	又	又	又	又
294	四 5・3				
九	九				
295	四 5・13	四 6・3			
乃	乃	乃			
296	四 8・10				
夕	夕				
297	天 5・22	天 6・13	天 11・4		
之	之	之	之		
298	天 6・15				
三	三				
299	天 10・33				
下	下				
300	天 11・16				
川	川				
301	宜 3・3	宜 8・4			
女	女	女			

302	宜7・3				
于					
303	宜8・4				
大					
304	四4・22	天5・17	宜5・2	宜10・2	宜12・2
日					
305	天2・4	天6・5	天10・16		
夭					
306	天2・16	天4・18	天9・17	宜4・3	
亓					
307	天5・22				
五					
308	天7・16				
內					
309	天12・30				
少					
310	天13・1				
勿					
311	宜2・3	宜6・2	宜6・3	宜8・2	宜10・3
不					
	宜12・3				
312	宜8・3				
帀					
313	四4・19				
四					
314	四5・14	宜1・3			
乍					

315 正	天 6・31				
316 民	天 12・29				
317 可	宜 1・2	宜 4・2	宜 6・3	宜 7・2	宜 8・2
	宜 9・2	宜 10・2	宜 12・3		
318 吕	宜 9・2				
319 出	宜 5・1				
320 玄	宜 9・2				
321 司	宜 12・1				
322 夸	四 7・7				
323 百	四 7・22				
324 卉	天 1・32				
325 成	天 5・31				
326 寺	天 6・16				
327 西	天 12・12				

328	天 12・16			
至				
329	四 1・28			
每				
330	四 7・8			
步				
331	四 7・31			
迈				
332	天 5・20	宜 8・4		
邦				
333	天 12・28			
返				
334	宜 4・1			
余				
335	宜 10・3			
囲				
336	宜 12・3			
攻				
337	四 4・14			
青				
338	四 6・19			
亟				
339	天 5・19	天 6・32	天 7・3	
隹				
340	天 6・1	天 8・9		
尚				

341 建	天 9・9 (字形)			
342 祀	天 12・26 (字形)			
343 妾	宜 2・3 (字形)			
344 秉	宜 3・1 (字形)			
345 妻	宜 3・3 (字形)			
346 取	宜 5・4 (字形)	宜 8・4 (字形)		
347 是	四 1・33 (字形)	四 2・15 (字形)	四 2・19 (字形)	天 3・18 (字形)
348 各	天 1・16 (字形)	宜 12・1 (字形)		
349 胃	天 3・31 (字形)	天 9・22 (字形)		
350 退	天 8・6 (字形)			
351 爲	天 8・17 (字形)	宜 5・4 (字形)		
352 則	天 10・10 (字形)	宜 1・2 (字形)		
353 帝	天 11・27 (字形)			

354	宜 5・1			
欱				
355	宜 5・2			
旻				
356	宜 10・1			
易				
357	四 3・3			
朕				
358	四 5・12	四 7・23	天 9・2	天 11・14
神				
359	四 5・19			
旁				
360	四 6・10	天 6・23		
降				
361	四 2・23			
唬				
362	四 2・31			
堵				
363	天 1・23			
唇				
364	天 6・27			
婁				
365	天 7・5	天 9・28		
悳				
366	天 8・5			
進				

367 陵	天 12・11				
368 戩	天 12・21				
369 羨	四 3・23				
370 敢	四 6・29				
371 裔	天 7・32	宜 8・4			
372 曆	天 8・15				
373 欽	天 10・21				
374 算	宜 7・1				
375 嫛	四 3・19				
376 潐	四 4・28				
377 敬	天 9・32				
378 衛	宜 5・2				
379 義	宜 10・1				

380 測	四 3・4			
381 遲	四 2・2			
382 遊	天 1・25	天 1・30	天 3・32	天 11・32
383 興	天 8・29	天 9・6		
384 蕅	天 11・17			
385 顯	天 1・14			
386 戠	四 6・30			
387 𢼹	天 6・19			
388 簋	宜 9・2			
389 首	宜 11・3			

（二）不可識殘字

390	四 1.3			
391	四 1.9			
392	四 1.14			

393	四 1.16				
394	四 1.18				
395	四 1.19				
396	四 1.20				
397	四 1.27				
398	四 1.30				
399	四 2.14				
400	四 2.36				
401	四 2.23				
402	四 6.14				
403	四 7.13				
404	四 7.19				
405	四 8.1				
406	天 1.4				

407	天 1.19				
408	天 2.2				
409	天 3.16				
410	天 4.2				
411	天 4.16				
412	天 4.17				
413	天 4.31				
414	天 5.2				
415	天 5.3				
416	天 5.16				
417	天 6.2				
418	天 6.3				
419	天 6.17				
420	天 6.18				

421	天 8.2				
422	天 8.24				
423	天 8.32				
424	天 10.32				
425	天 11.11				
426	天 11.12				
427	天 11.21				
428	天 12.32				
429	宜 1.3				
430	宜 3.3				
431	宜 4.3				
432	宜 5.3				
433	宜 6.2				
434	宜 6.2				

435	宜 6.3				
	攵				
436	宜 6.3				
	人				
437	宜 7.2				
	丶				
438	宜 8.1				
	由				
439	宜 8.1				
	台				
440	宜 8.3				
	一				
441	宜 9.2				
	田				
442	宜 9.3				
	口				
443	宜 9.3				
	丶				
444	宜 12.4				
	子				
445	宜 12.4				
	才				

四、待　問　字

446	天 6.22				
	帝				

楚帛書文字編　筆畫索引

一畫	001 乙							
二畫	002 二	003・293 又	004・294 九	005 十	006 人			
三畫	007・302 于	008 亡	009・295 乃	010 子	011・297 之	012・301 女	013 山	014・300 川	015・298 三
	016 千	017・303 大	296 夕	018 土	019 凡	020 上	021・299 下	022 才	
四畫	023・304 日	024 水	025・311 不	026・306 亓	027 戈	028 天	029 木	030 日	031 月
	032 方	033・308 內	034・310 勿	035・307 五	036 王	037・305 夭	308 凶	039 壬	040・312 帀
	041 分	042・309 少							
五畫	043・319 出	044 尻	045 母	046 生	047・313 罒	048・318 昌	049・321 司	050 未	051 白
	052・314 乍	053・316 民	054 回	055・315 正	056 失	057 弗	058 用	059 北	060・317 可
	061・320 玄								
六畫	062 自	063 乑	064 而	065 各	066 凼	067・326 寺	068・323 百	069 州	070・328 至
	071 行	072 共	・322 夸	073 厽	074・327 西	075 亥	076・324 卉	・325 成	077 同
	078 羊	079 此	080 臣	081 亦	082 伐				
七畫	・329 每	083・330 步	084・335 田	085 汨	086 癹	087 攼	088 赤	089・ 100・336 攻	・331 迈

090·332	091	092	093	094	095	096	·333	097
邦	吝	兵	孛	身	巠	見	返	邑
·334	098	099	101					
余	折	利	戻					

	102	103	104	105	106	107·339	108	109·337	110
八畫	雨	於	取	咎	命	隹	坪	青	炎
	·338	111	112·340	113	114	115	116	·341	117
	亟	非	尚	奉	東	所	季	建	明
	118	119	120·342	121	122·346	123	124	·344	·345
	或	戌	祀	事	取	征	武	秉	妻
	125	126	127·343	128	129	130			
	杲	芙	妾	姑	長	者			

	131	132	133·347	134	135	136·351	137	138	139
九畫	故	風	是	柰	逃	為	禹	昏	相
	140	141·353	142	143·352	144·355	145	146	·348	147
	峽	帝	思	則	旻	春	昧	备	星
	148	149	150·349	151	152	·350	153	154	155
	冊	洹	胃	既	員	退	言	哉	伐
	156	157·354	280	158·356	159	·389			
	㞢	歓	室	昜	城	首			

	·357	160	161	162·358	163	·359	164	165	166·360
十畫	朕	害	涉	神	倀	旁	祝	宵	降
	167	168	169	170	171	172	173	174	
	恭	浴	畜	倉	朕	遅	故	塑	

	175	176	177	·361	·362	178·367	179·368	180	181
十一畫	章	蓋	棧	唬	堵	陵	戕	敓	晝
	182	183	184	185	186	187	188·365	189	190
	紬	陸	羕	酉	雫	終	惪	匿	淺
	·364	191·363	·366	192	193	194	195	196	197
	婁	脣	進	脂	祭	從	殺	訢	梟
	198	199							
	臧	眾							

十二畫	200・369	201	202	203	204	205	・370	206	207
	戢	黃	備	逤	精	奠	敢	閏	禽
	208	209	210	211	212	213・372	214	215	216
	朝	經	弇	絽	萬	厤	智	童	惠
	217・373	218	219	220	・374				
	欽	無	絹	晵	茸				
十三畫	221	222	223	224	225・375	・376	226・380	227	228
	罷	虘	虞	萬	燚	淼	逪	電	羣
	229・377	230	231	232・378	233・379	234	235		
	敬	愳	毃	衛	義	裁	會		
十四畫	・381	236	237	238	239	240	241	242	243
	遱	梧	福	像	豪	敓	聚	荃	致
十五畫	244	245	246	247	248	249	250・382	251	252
	霆	蓼	暜	墨	達	禕	遊	馘	膚
	253								
	戵								
十六畫	254・384	・383	255	256					
	澫	興	襄	繆					
十七畫	257	258	259	260	261	262	263	264	265
	襄	薰	櫷	斁	霝	嘼	魤	歝	龍
	266・385	267							
	顪	燬							
十八畫	・386	268	269	・387	270				
	蘁	濾	職	嫛	臺				
十九畫	271	272・388							
	髞	簸							
二十畫	273	274	275	276					
	霝	瀧	難	雙					
二十四畫	277								
	轙								
二十六畫	278								
	爤								

二十九畫	279 鱗						
重文	281 夢	・282 墨	283 殟	284 胏	・285 云=		
合文	286 儵	287 壱	288 冐	289 亘	・290 倉	291 冐	292 幸
待問字	446 帠						